Deine Schwester, die ich achte,
da ich wie eine Schwester dir bin !

Du bist mir hier begegnet, und warst in der Komik der Situation für mich ein erster Lebensretter ! Deine Art der Formulierung hat mir endlich dargestellt, dass ein Mann auch ein Denkender ist, der zaubern kann. Deine Arbeit mit oder an Menschen, hat in meinem Beispiel die Aussage bekräftigt, dass Alleinleben möglich ist, allein schon um sein Leben zu begreifen, was anders nicht machbar ist. Ich fühle mich endlich als normaler Teil der Gesellschaft, ohne dafür verurteilt zu werden, weil Menschen im Durchschnitt Neider sind. Ich wäre aus Stolz deswegen oftmals an meinen Wasserfällen Tränen und Trauer Momenten zerbrochen, das dauerte für mich als eine Phase von 40 Jahren. Und es ist genau wie du es sagst, das Lachen, es begleitet eigentlich das ganze Leben. Es besänftigt je mehr du vom Menschsein lernst. Ich falle, seit ich dich kenne, bei einem Lachen nicht mehr in die Leere, in welcher die Menschen um mich alle nur als ein Wasser zu sehen sind, die miteinander verschwimmen, sondern sehe mehr denn je, dass zwischen allen Menschen das Licht durchscheint.

Sei dir dessen gewahr, was ich dir hiermit zu verdanken hab ! Du bist nicht der Droge Leben erlegen. Ich kenne endlich den Sinn vom Fliegen !

FÜR MICH IST DAS WORT

EINE HANDLUNG DIE DINGE

IN ORDNUNG ZU BRINGEN,

DIE LIEBE IN DIR ZU WECKEN,

NICHT NACH DEM SINN DES LEBENS

ZU SUCHEN,

ABER FÜR MÖGLICH ZU HALTEN !

– Heike Thieme - YLVA -

Impressum

Der vorliegende Text wurde mit größter Sorgfalt bearbeitet. Die Publikation ist urheberrechtlich geschützt. Alle Rechte liegen beim Autor. Kein Teil des Buches darf ohne schriftliche Genehmigung des Herausgebers in irgendeiner Form durch Fotokopie, Film oder andere Verfahren reproduziert werden. Auch die Rechte der Wiedergabe durch Vortrag, Funk und Fernsehen sind vorbehalten.
Bibliografische Information der Deutschen Nationalbibliothek :
© 2024 Heike Thieme, Herstellung und Verlag:
BoD – Books on Demand, Norderstedt, ISBN 978-3-7597-7099-8

Inhalt

Ich unterstehe keinen anderen Leuten,
ist es unwichtig, dass Beziehung funktioniert
aber es ist und bleibt wohl nicht mein Bier.

es gibt keine Sicherheit und es gibt kein Ende...
Das Wort muss gehört werden in Stille
,, da muss Dunkelheit sein um die Sterne zu sehen..."

...es darf kein Ende geben,
um ganz zu verstehen, was für immer ist
...es muss Dunkelheit geben, um erkennen zu können,
wer man wirklich ist... es muss Chaos geben,
um seine Konsequenzen ganz zu verstehen...

Der seltsame Mann hat also
die Frau gegen die letzte eingetauscht
macht ihr drei Statussymbole, drei Töchter.
Eine besitzt die musische Art der Ahnen, hohe Intelligenz
und sieht nicht schlecht aus.

Er begegnet der Tochter missbräuchlich,
die sich gegen ihn aufrichtig wehrt,
und davon geht, um nie wieder zurück zu kehren,
weil sie wusste, die eigentliche Gefahr
dies Leben zu bestehen, war ihrem Vater zu begegnen.

EINLEITUNG

Ein seltsamer Tag

Einst war er einmal ein Blondling, ein schöner Kerl mit dem Schopf wie dem eines Löwen in der Sonne. Er aber verzieh dieser Welt nicht. Der Löwe nahm dem die Waffe, der nie sein Vater ward, der nie sein Leibwächter war. Seine eigene Mutter war nie dessen bessere Hälfte, als hätte sie für seinen Vater nie existiert. Der Blonde ward der Spinner, der glaubte, er müsse seinen Verstand erst über sein Herz siegen lassen, doch im gleichen Moment, war das Herz davon beseelt, in seiner Illusion erlegen, sich die Welt als eine bessere zu wünschen, und die Droge schnitt ihm den Weg ab, ins normale Leben zurück zu kehren. Er sprach daraufhin kein Wort mehr. Je mehr es ihn in eine andere Welt drängte, desto mehr ging an dessen Seele verloren, egal waren ihm Verwandte, er brach sich sein Genick als er lückenlos auf fremde Menschen einschlug, die für ihn bezahlen sollten. Im Grunde verletzte er sich selbst damit. Der Junge Mann war kein Glücklicher. Seine Mutter war keine Löwin, die ihren Sohn beschützte, weil sie schwieg. Es sind immer die Mütter, die schweigen, wenn die Väter Dinge tun, deren Kindern die Zukunft zu verpatzen, und alles stehen und liegen lassen, und allein, und andere Menschen lieben. Der Junge ward obsessiv, nur um auf psychopathische Weise alles auf ihrem Weg niederschmettern, betrügen, spionieren, belügen, kaputt schlagen, stehlen, zerstören weil sie dies dem verurteilten Vater in Rechnung stellen, und werfen ihr Leben dafür weg. Alle haben Probleme mit den Vätern, die ihr Vertrauen missbrauchen.

Das Leben kann einem Mann manchmal seine Streiche spielen. Er irrt viel zu lange unter den Seinesgleichen auf der Suche nach der Liebe, noch bevor ihm einfiel, wer er selber ist. Wie wenn er in einem Doppelleben, einerseits die Rolle des angepassten treuen Familienvaters spielt, und im anderen Leben mit einer anderen, sich selbst zu verwirklichen sucht, seine zweite Rolle parallel zu spielen, immer für alle gleichzeitig zur Stelle, aber von dem, der in ihm drinnen lebt in alle Ferne entrückt.

EHER WANDER ICH AUF EINEN NEUEN PLANETEN AUS !
ES SOLL MORGEN …. WIEDER BESSERES WETTER GEBEN !

Schnell sich mitteilende Passanten..
ich soll mich deren gesunden Aspekt nähern,
ich soll allen anderen Skepsis beweisen,
ich soll mir von denen ein Beispiel nehmen,
ich soll mir vom Studierten das Lebensmotto nennen,
ich soll ihnen gefälligst aus dem Licht gehen,
ich soll niemand auf den Geist gehen,
ich soll meine Ahnen befragen, was die mir sagen,
ich soll kein zweites mal mehr auf sie zu gehen,
ich soll jeden mal bis zum Mond und zurück vögeln,
ich soll der fachlich ausgelernten Pädagogin Respekt zollen,
ich soll immer mein Lächeln zeigen,
ich soll nie zweifeln, so nicht mal an mir selbst,
ich soll ihr Bedauern als Schuldgefühl übersetzen,
ich soll ihre Absage als leider
zeitlich nicht einzurichten interpretieren,
ich soll ihnen unbedingtes persönliches Interesse spielen,
ich soll mit ihnen mitten im Regen stehen,
ich soll der Beamten zu Willen, den Dummen mimen,
ich soll der Liebe halber angekrochen kommen,
ich soll die Unschuld vom Lande spielen,
ich soll deren perversen Wünsche ausblenden,
ich soll erst missbraucht, in Freundschaft dienen,
ich soll die kleinen Hasser immer grüßen,
ich soll der Dummheit kleine Nachrichten schicken,
ich soll begeistert ihre Nachkommen als Genies betiteln.

Alles, was sich um ihn herum abspielt, ist die Information von links, genauso die Information von rechts, und der arme Mann kann nicht unterscheiden, dass es meist zu allen Aussagen, die ihn erreichen, stetig mehr die eine oder mehr die andere Seite an Wahrheitsgehalt überwiegt. Deshalb gerät der Mann oftmals, noch in jungen Jahren zu der Einsicht, dass der abgeschlagene Kopf einer Eidechse bestimmt wieder nachwachsen könnte, wie ihr Schwanz, vielleicht selbst einer ihrer Arme und Beine, nur weil das irgendwo aus diesem Universum einmal einer allein gesagt hat.

So kommt es, dass dieser Mann eines Tages in eine Situation gerät, die an Ausweglosigkeit schier nicht zu übertreffen ist, und ihm das Schicksal einmal wieder die Belebung seiner Ansicht über die Welt in ihm erweckt, was seine Erlebnisse mit Verbindung der Realität ist und sich alles zusammen fügt. Es erscheint ihm wie ein Hammerschlag von Thor, und die weise Einsicht, sein Leben zu verstehen !

Wir können die Wellen nicht aufhalten, aber wir können schwimmen lernen.
Dieses Leben lehrt Geduld, nicht jeder Tag ist wunderbar...
und unser Leben ist nicht immer das, was wir uns wünschen...
Das ist das Leben... es trägt viele Schicksale in sich.
Ein Traum wird wahr... und ein Traum stolpert...
ein Treffen ohne Datum... und eine Trennung ohne Grund...
Weder die Anfänge, die Sie erwarten... noch die Enden, die wir wollen
Und das Leben geht weiter...

Geduld ist für mich am Rande leben bleiben.
Das Unerwartete trifft ein, wenn man Fremde zu Freunden macht.
Das was wir kennen, ist was andere wünschen.
Das was andere wünschen, ist nicht gut für sie.
Ein Treffen ohne Datum ist vielleicht der Augenblick eines anderen Erleuchtung. Ein Traum wird erst wahr, wer nicht mehr stolpert.
Der stolpernde Traum ist wie eine verkehrte Zigarette vor dem Campingbus, und dies Urlaub nennen, was nach absolutem Einsamkeits Schwachsinn erkennbar ist. Das Leben hat einen so langen Rücken wie der eines Hundes.

Und am Ende ist es immer sein Schwanz.

Wie viele Menschen haben wir in unserem Leben verloren, weil wir in all den Dingen, die wir anboten, zu real und ehrlich waren?
Wir haben verloren, weil wir nicht in der Lage waren, unsere Gefühle vorzutäuschen und die Art und Weise, wie wir mit ihnen umgingen, zu verschönern.

Wir waren nicht in der Lage, aufrichtig und offen zu sein. Wir wissen nicht, wie wir uns verdrehen oder einen Charakter annehmen sollen, der unserer Persönlichkeit widerspricht. Wir kennen keine Heuchelei, keine Höflichkeit und keinen Widerstand gegen unsere Überzeugungen und Prinzipien.
Wir haben verloren, weil wir nichts angeboten haben, außer aus unserer Tiefe, weil es uns nur darum geht, wir selbst zu sein. Wir haben viel verloren, aber wir haben selbst gewonnen, und das ist der wichtigste Gewinn in unserem Leben.

Was passiert dann aber, wenn die Menschen auf der Suche ständig, und in Trockenheit kaputt gehen, und sie um Regen beten, sind sie dann nie vor dem Sturm gefeit ?

Wäre das Leben einfach,
hätten wir die Band neben uns wohnen,
würde der beste Freund über uns leben,
wäre der Manager im Haus daneben,
hinter einer Wand einfach,
hätte es in jeder Straße gleich drei Imbisse,
und gäbe es die Aussicht auf die andere Stadt,
in der man selbst nur "Ente" mag,
wenn man einen Abstecher dahin ins
Wochenende macht.
Die Städte lägen alle nur am Meer.
Und der Busen der Lust wie das Salz der Lüfte.

Söhne eines alleinerziehenden Vaters und ich haben nur über die Theorie ausgesprochen, was zuerst war, das Ei oder das Huhn, dann habe ich ihnen kurz meine Version erzählt, und die beiden hatten viele Dinge Sich zu beschweren, war lustig, zumindest kamen wir zu dem Schluss, dass alle auf der Welt, ob Muslime, Christen oder Wikinger, Naturgläubige oder sogar in einer afrikanischen Höhle lebend, und auf der Insel alle auf die richtige Art und Weise glauben, wie sie es wollen, und alles, um an eine bessere Zukunft für die Region, in der sie leben, zu glauben, und keine ist besser als die andere, weder die Region noch die Menschen mit ihrem Glauben. Der wundervolle Ausspruch und die Formulierung eines Freundes aus dem Koran haben mich sehr glücklich gemacht ! Diese beiden Kinder, Brüder, sind die Kinder des alleinerziehenden Vaters. Es fühlt sich gut an, diese Verständigung zu haben, nicht viele denken darüber nach, damit jeder mit jedem sprechen und reden kann.

Ja, aber was würde jemand sagen, der nur in Eile rennt und für Geld allein den frühen Tag wie den Wurm fängt und dann seine tiefsten, seltsamsten persönlichen Probleme verbirgt und von einem Ort auf der Welt zum nächsten rennt, hat er wie Sonne und Mond vermisst, was ihn betrifft ? Dachten die Sterne an ihn, und verstand er jemals die wirkliche Entfernung in Wirklichkeit? Ich meine, das ist einfach die Fähigkeit, sich selbst zu lieben und aus dem Herzen heraus zu denken, dann wird das Verständnis der Distanz verstanden, nicht der Sucher des inneren Friedens, der mit Gewalt ständig an einem anderen Ort sucht und schaut und sich nie findet.

Dann haben Sie gesehen, wie er den verschneiten Winter besser kannte und von der Straße aus damit leben konnte, oder bemerkte er einfach: „Oh, es ist Winter, wenn ich aus dem Inneren eines Zuges auf den Schnee aus meinem Fensterrahmen schaue!"

Eines Tages ging ich eine Straße entlang, als plötzlich ein Sturm aufkam und starker Wind aufkam, sodass ich nicht mehr gehen konnte. Ich fand einen Baum am Straßenrand und setzte mich darunter. Dann hob ich meinen Kopf zu einem Baum und sah eine Taube auf einem Ast, die vor Kälte zitterte und traurige Augen hatte. Ich sagte zu ihr: Warum bist du traurig? Sie erzählte mir, dass ich mit meinem Sohn durch die Luft geflogen sei, bis ein starker Wind aufkam und ich gegen den Wind ankämpfen musste. Ich bemerkte meinen Sohn erst, als sich der Sturm gelegt hatte, und als ich zur Seite und hinter mich schaute, konnte ich meinen Sohn nicht mehr finden. Vielleicht hatte ihn der Sturm erfasst. Während sie sprach, flossen ihr Tränen aus den Augen. Ich sagte zu ihr: Sein Sohn ist klüger als seine Mutter. Sie sagte: Was sagst du dazu? Ich sagte ihr: Sie nahmen den Weg des Sturms, und du gingst gegen den Sturm an. Er war auf der anderen Straße, oben auf einem rosa Baum mit wunderschönen Blüten. Wenn er deinem Weg gefolgt wäre, wäre er vom Sturm zerstört worden, denn er ist klein und kann dem Wind nicht standhalten. Deshalb entschied er sich, gegen den Wind zu gehen.

Ich bin nicht berühmt, aber Sie sagten es, gegen einen Sturm zu schreiben, hieße, mit ihm zu gehen, wie Sie sehen, stimmt das, der Roman muss wirklich ein Roman sein, um einen Verleger zu erreichen, der die Bücher in die Läden und an Land bringt.

Sich die Zeit nehmen mit wahren Fragen Antworten zu finden,
was hindert dich dran dies zu tun ?
... aber es regnet in zwei Minuten !
Sich winden um die Tatsache, die Erdmenschen lebten länger,
was hindert dich dran dies zu akzeptieren ?
Sich bemühen, den Kindern die Welt zu erklären,
was auch zeigt, sie hatten es schon längst gewusst ?
Sich bedanken bei dem, der die Rose am Revers trägt,
was kann es schöneres geben, als dies zu übersehen ?

People who love money are bad.

Die Weltreisenden, ich liebe sie auch ! Sie sind wie Sonnenblumen
mit dem Geschmack von Honig und reizende Wesen mit Blumennamen,
ich sehe sie wie Sonnenkinder, sie geben und senden die Sonne an jeden,
und bekommen die Sonne wieder zurück !

Ich schau mir jetzt einen Film an mit einem intelligenten jungen Mann, mit Gaumenspalte, aber will mit Intelligenz, Witz und Charme seine Freundin zur Frau seines Herzen machen. Der Film spielt in alter Zeit, wo einem so und so nichts geschenkt wurde. Also fast wie heute. Land zu verkaufen ist die Tat von Menschen, die nach dem suchen, was ihre Persönlichkeit ausmacht. Sie wollen zurück in die Höhle, sie haben ihr Eigenes verloren, also wollen sie alles besitzen, was dazugehört, und das Geschäft als Symbol für ihre verlorenen Seelen. Wenn sie in ihre Höhlen ziehen, die sie Mutter Erde gestohlen haben, sind sie gezwungen, sich ihren Ängsten zu stellen, und werden darüber wütend.

Deshalb suche ich bereits seit zwanzig Jahren keinen männlichen deutschen Arzt mehr auf. Sie belügen alle. Ich benenne solche in Zukunft sowieso nur noch nach deren Vornamen. und mir erläuterte gerade eine kranke Frau, mit Missbrauch im Elternhaus, ganz ehrlich, ihr Arzt hätte sie damit beunruhigt, in dem er ihr sagte, dass ihr "Kleinhirn schrumpfte", was ein infamer kompetenzloser Dreck ! Ich sagte ihr, dass ich nicht ganz von solch einer "Krankheit" überzeugt sei.

Es ist schon so, dass grausame Menschen tatsächlich sehr schlimmes verrichten, aber jeder im Rahmen des Möglichen, weil nicht alles erlaubt wird, um die Sache nicht langweilig werden zu lassen ! Finden Sie heraus, wohin die Geisterbahn fährt. Damit haben weise Menschen, die es beobachten tatsächlich Recht, es ist die arme Bevölkerung derer, denen man nicht medizinisch hilft aber sie derart lächerlich dastehen lässt.

Nun, und wenn man solch einem quasi auf direkte Art, die Gewalt, die er empfindet, die ihn groß macht, als gebildeter Elitesohn, ins Gesicht sagt, dass man den Jüngling und Hosenscheißer nun mal nicht für seine Allmachtsfantasien ernst nimmt, weil sich nicht jeder für ihn auf die Matte schmeißt, denn er erfährt mit WEM er es zu tun hat, und man auf dieses Gespräch grundlegend vorbereitet ist, und warum, dann werden solche Elitesöhnchen auch ganz klein und die Kacke in deren Hose ist zu riechen ! Wer mir Angst macht, der kriegt es auch mit MIR zu tun !

Wenn ich achtsam, entspannt bin und in Frieden schlafe, dass meine Träume weich und schwarz-weiß sind. Nur wenn ich auf der Suche nach innerer Ruhe bin,es vermisse, in glückliche Gesichter zu schauen, träume ich in Farbe, um ihre Gesichter so gut wie möglich zu finden.

Es ist ziemlich eng, diesen kleinen Ort mit der Hündin zu teilen, aber sie ist im letzten Jahr wirklich oft mit mir umgezogen und hat alles zusammen mit mir akzeptiert, aber es ist komisch, zuzuhören, wenn der Fluch des Kranken jede Nacht von vorne beginnt, als ich ihre kranke Stimme so hasserfüllt und stundenlang hörte.

Mutter zu sein, wie sie, die also ungefähr 18 Jahre alt, und pummelig, ein Nilpferd, und als ich sie später wieder sah, lief sie den weichen Weg hinan etwa 100 m, sie hing dort fast am Boden und konnte ihren Wagen nicht schieben, sie sah aus wie ein alter Mensch, der sich nicht mehr bewegen oder atmen konnte. Das ist traurig. Das ist eher der Tipp von mir, nicht auf der Suche nach dir selbst zu sein, sei du selbst !

Können Sie zwischen dem Erlebnis nach dem Abendessen und dem genauen Gefühl unterscheiden, richtig satt zu sein, schwer und gesättigt mit dem Vierfachen von Fleisch oder eher dem Gefühl, als ob Sie eine einzige Kleinigkeit gegessen hätten und sicher wären, die nächsten sechs Stunden satt zu bleiben, nicht schwer, sondern voller Energie? Ich brauche nicht mal den Regenschirm, denn ich liebe das Regenwasser auf meiner Haut, ich wünsche nur dir, meinem Bruder, dass du gut wächst und gedeihst.
Nein, das glaube ich das auch nicht, eine Blume wäre die letzte von allen, die stirbt. Sie ist ein Kind von Mutter Himmel und Erde, die lässt ihre Kinder nicht im Stich. Die Blume hat nie gefragt, wann sie ihre Blüte öffnet, sie weiß einfach, dass sie es tut. Um zu blühen, braucht die Blume keine Früchte, und sie ist dabei so guter Dinge, dass sie sicher geht, ist das Jahr nass, dann scheint im nächsten Jahr die Sonne. Ja, würde die Erde gestorben sein, erleben wir das nicht mehr, doch vorher kann sie sich noch zu einem Feuerball aufblähen, und verlässt uns in einem Riesenschwall Erleuchtender Feuerwerke, und dann erst ist Ruhe, was sind Menschen nur für ein Insekt,

dass darüber bestimmen will, ob die gute alte Erde ihren Frieden findet oder nicht ? sehr viel Sorge heutzutage, aber wer bringt mich in eine Kirche, dort den armen verhungerten Leib am Kreuz anzubeten, als eine bloße Kunstfigur, damit ich mir all sein Leid, wie das aller anderen auf meinen Schultern hinaus trage und damit hoffentlich mit Gnade in den Himmel käme ? Wenn doch nur ein einziger Weg in die Wiese, zum Sumpf oder unter Bäumen mich in nur einer Stunde so glücklich macht, dass ich von allem erleichtert meinen Weg nach hause finde ? Wer nur als junges Mädchen Einmal mit der absoluten Ruhe auf einer Insel verbracht hat, also ich vergesse diesen absoluten Moment nicht mehr. Erst wunderte ich mich über meine Familie, die immer im Haus blieb, und mich niemals verstand, dass ich immer nur draußen sein musste, dann sah ich aber klar, diese Leute konnten mich als Mensch gar nicht wahrhaben, also waren sie mir in ihrer Verblendung auch egal geworden. Es ist der Mensch ein Wissender erst, der so aufgewachsen, wie die Menschen einst die Erde bewohnten, und genau solche Menschen werden uns immer unsere Lehrer sein, weil sie alles von uns sehen, spüren sie, wenn wir erkennen, forschen, dazu lernen, und loben uns. Sie empfinden das Glück, als würde ihr Herz mit dem Marienkäfer mit ihnen davon fliegen. Sie erleben die Liebe mit all ihrer Faser spontan, intensiv und von Dauer. Ich glaube, die Wissenden sind Frauen. Sie leben in einer afrikanischen Höhle. Sie sind der Rat der Weisen Frauen. Sie kennen das Geheimnis des Fliegens. Wer es spürt, der muss es nicht wollen, denn eines Tages wird auch er fliegen. Ich glaube sogar, zuerst vor der Frau, lernte der Mann fliegen. Denn die Frau ist ja zweigleisig behaftet, genauso fest in der Erde verwurzelt, und sie muss Eins und Eins erst zusammen kriegen. Sie können reisen, ohne Ihren Platz zu verlassen, aber mit Ihrem Verstand, der Verstand ist der Sattel, in der wir Menschen sitzen. Ein einziger Ritt in einem solchen Sattel von einem zum anderen Ende des langen Strandes, und du warst einmal um die ganze Welt, daher hüte ich mich davor, mich zu verlieben. Ich erkenne mein Traumpferd, wie es sein Dasein fristete hinter Gittern, und wollte mit mir los, weil wir es uns versprochen hatten, aber ich saß dann allein am fernen Strand und weinte hinterher, weil ich es nicht als mein Pferd besaß, ich träumte fortan diese Welt nach meinem Pferd abzusuchen, orange vom Fell, Vollblut im Herzen.

Die Güte im Blick. Ich kann dir diese Frage nicht beantworten,...wer ist eine richtige Frau, wer ist es nicht ? Als ich alle meine Pferde losließ, musste ich weit weg allein anfangen, dann alles an Romangeschichten verfassen, dann erst stoben alle Pferde über mich hinweg, in ihre Freiheit und ich gehörte zu ihnen, darum war dann keine Schwierigkeit für mich auch endlich das Fliegen zu lernen, und es war wieder eine Frau, des nachts inmitten der ungekannten Stadt, die mir die Richtung meines Weges wies. Ich war damit eine Nachtigall am Sternenhimmel, die Städte überflog und entkommen ist. Ich weiß, dass sechzig Jahre allein sein, mir so viel über mich verraten hatte, dass ich weiß, dass ich in diesem einen Menschenleben keine Partnerschaft haben werde. Ich hätte es auch mit siebzehn Jahren nicht gekonnt. Ich würde auch mit 127 Jahren dasselbe sagen.

Gut, dann bin ich ein Schmetterling, der in dem Garten nistet, den der Bauer vernachlässigt hat, weil er dumm ist.

Die Friesen kaufen ihre Spielkarten immer fertig gemischt im Gemischt Waren Himmel. Männer mischen meist so lapidar.
Frauen mit ihren feineren Fingern mischen hochkantig.
Die Japaner mischen einhändig und fotografieren mit der anderen.
Zauberer mischen eher so prollig für die Show.
Die Fingerfertigkeit ist aber seit jeher überflüssig,
denn es gibt die Zungenfertigkeit.

Wenn man in Deutschland vielleicht unter Partnerschaft etwas versteht, dass nur den toten Märchenprinzen sieht, aus dessen Gedärm die Frau sich in Kleinarbeit wieder ihren vermaledeiten Ehering zurück bezieht, aber als Operation am Manne gesehen. Dann erspare ich mir das Angebot lieber einen Deutschen heiraten zu müssen. Nein, würde wer fragen, wo mein Ego angesiedelt. Ich mag meinen Bauch, wozu es einen anderen braucht ? Ich geh nicht heulend in die Ecke, um meine Muschi zu verstecken. Es ist nur ein ganz kleines, was ich zwischen schieb, damit ich glücklich drin verblieb. Die Liebe zu sich selbst nicht mehr auf der Suche, drum Leute rennt euch nicht davon, weil ihr euch selbst verpasst habt !

Ich suche anwaltlichen Schutz.
Ich warte auf finanziellen Wohlstand.
Ich suche Gelassenheit, um fleißig zu kämpfen.
Ich habe mich entschieden, meine Kräfte zu bündeln.
Ich baue meine Sexualität auf.
Ich steigere meine Weisheit.
Suche nie nach Halluzinationen,
folge nicht den Narren,
sie laden zu einer lebenslangen Krankheit ein,
aber lass dich vor der Tür stehen,
du findest die Vision in deinem Herzen,
kein Gift, das du zu dir nehmen kannst,
was du bekommst, ist ein Albtraum,
was dich gereizt und süchtig zurücklässt,
was Gefahr und Leid bringt,
was die Angst wachsen lässt, an dich selbst zu glauben,
was die anderen wie eine Gehirnwäsche reden lässt,
was den einsamen Wolf verlassen zurücklässt,
was mehr Suchen verursacht,
und den Weg verliert, langsamer zu werden,
und früher zu altern,
und körperlich krank zu werden,
und jegliches Gleichgewicht zu verlieren, um zu heilen !
Die Heilung jeden Menschen,
ist ausschließlich in ihm selbst zu finden !

Weshalb wollen alle immer "das beste Stück vom Braten ?"
oder auch "das Schönste liegt in der Ferne !"
und dann noch "aber man sei glücklich, das Schöne sei weit weg !"
das sind alles bloß Floskeln, die zu Filmtiteln geeignet sind,
aber nicht zum wahren Leben !

Suche nie nach Halluzinationen, folge nicht den Narren,
sie laden zu einer lebenslangen Krankheit ein,
aber lass dich vor der Tür stehen,
du findest die Vision in deinem Herzen,
kein Gift, das du zu dir nehmen kannst,
was du bekommst, ist ein Albtraum,
was dich gereizt und süchtig zurücklässt,
was Gefahr und Leid bringt,
was die Angst wachsen lässt, an dich selbst zu glauben,
was die anderen wie eine Gehirnwäsche reden lässt,
was den einsamen Wolf verlassen zurücklässt,
was mehr Suchen verursacht, und den Weg verliert, langsamer zu werden,
und früher zu altern.

Wenn der Ausreißer der Weg zum Überleben ist, also warum nicht ? Wenn
die Tränen des Himmels wiedergefunden werden müssen, musst du den
Himmel finden. Deshalb, dass ich vielleicht auserwählt bin, zu heilen, aber
die Tatsache, dass andere nicht auf alles vorbereitet sind, macht es riskant,
zu viel Macht an Menschen abzugeben, die es nicht aushalten könnten, um
ihre eigenen Kräfte zu ertragen. Es ist besser, sich zurückzuhalten, die
größte Verantwortung, die ein Mensch hat, ist seine eigene, nein, es ist seine
Fähigkeit zuzuhören, die Art, wie er reflektiert, bringt ihm den Weg zum
Verständnis und zur Suche nach seiner eigenen besten Lösung. Wir sind alle
nur kleine Menschen, mit viel Wissen und Weisheit.

23

Kapitel Eins

EINE PFLANZE MUSST DU GIESSEN !

Das Leben kann einem Mann manchmal seine Streiche spielen. Er irrt viel zu lange unter den Seinesgleichen auf der Suche nach der Liebe, noch bevor ihm einfiel, wer er selber ist.

Der seltsame Mann war **auf der Suche nach totaler Freiheit,** nur verstand er darunter etwas anderes als der durchschnittliche Mensch.
Es ist Nacht, und in der stickigen Straße der Stadt, wo die meisten Leute in deren Betten, die Liebenden sich in den Armen liegen, ist die Gasse Kilometer lang an einem Park entlang seitlich davon, wie ein Durchschlupf in einen Dschungel menschlicher Abgründe, wo ruhelose Geister um Bäume, Hecken auf Abwegen Ihresgleichen suchen, wie wenn die Spuk Gestalten des nachts auf den Gräbern der Stadt ihren Tanz erneut wagen. Einfache Hunde streunen einher. Ganz nah zur Straße und den geparkten Autos ein massiver Tisch zum Tischtennis Spiel einlädt, doch der ist von Graffiti übersprüht, und eine Lache Urin auf seiner Fläche, ein kleines Grundstück mit Tor und Basketballkörben, von hohem Zaun umgeben, in dem Kinder tagsüber ungestörten Ballspielen nachgehen. Jetzt ist da kein Kind zu sehen, die Kinder schweben jetzt alle in blauen Träumen in den Betten, ihr Schopf im Kissen eingegraben, dem Straßenleben keine Aufmerksamkeit schenkend.

Aus der Ferne geht ein seltsamer Mann, seinen Blick auf die Büsche werfend, bedachtsam die Reihe parkender Autos entlang, er trägt einen grauen Arbeitermantel und raucht Zigarre. Er sieht aus wie ein durchschnittlicher Mann der Arbeiterklasse, einfacher Schlosser vielleicht. Aber der Mann trägt etwas in der rechten Hand, dann bückt er sich ab und an zu den Büschen runter.

Das Mondlicht und spärliche Straßenlampen lässt sichtbar werden, was er da seltsames tut um diese Zeit... Er pflückt sich Schmetterlingsraupen ab und steckt sie in ein Gurkenglas mit Deckel, dies nimmt er mit sich bis er auf dem Weg auch nach Glühwürmern ausschauend in einer anderen Seitengasse verschwindet. Bevor er kurz vor Morgengrauen das Haus durch die schwere Haustür betritt, geht der Mann fünf Stufen hinauf zu seiner Altbauwohnung im Parterre, schließt hinter sich ab und lässt die Welt draußen. Den Geruch von männlichem Urin, Zigarre, Schweiß und den Mülltonnen vom Hof im Raum stehen lassend, denen überlassend, die an seiner Wohnungstür vorbei kommen würden.

Man fragt sich, wann schläft dieser Mann ?

Er sitzt in seiner Küche und harrt der Dinge, das Glas mit den Raupen auf dem Tisch vor sich. Er hielt viel von persönlicher Entscheidung selbst Dinge zu tun, die andere verabscheuen, ... und begann vor den Augen anderer **Tiere zu Tode zu quälen**. Er nimmt sich aus der Jackentasche einen Satz Rasierklingen, und schlitzt eine Raupe nach der anderen in ihrer ganzen Länge nach auf, so zerschnitten bereitet ihm das Ende ihres Zappelns eine wahre Wonne und Freude, was zumindest als ein seltsam Sekunden gleiches Lächeln auf seinem Mund andeuten will.

Was bewog ihn zu solch sadistischer Tat ?

Der Morgen der großen Stadt und ein geschäftiges Treiben kommt in Gang. Kinder mit Schultaschen. Männer mit Aktentaschen, die in Autos steigen. Jugendliche auf Elektrorollern auf dem Weg zu Schule oder Praktikum. Nur die meisten Kneipen der Stadt liegen jetzt im Tiefschlaf, bis sie am Nachmittag wie üblich wieder öffnen. Der Kiosk an der Ecke öffnet seinen Verkaufsstand, die Märkte bekommen ihre neuen Waren angeliefert, Müllautos sammeln die Tonnen auf, sie zu leeren. Mancher Autofahrer, der frisch unterwegs ist zum Ziel der Wünsche hat wegen der neu aufkommenden Sommerhitze die Fenster runter gedreht und es schallt die Musik aus Radios nach draußen. Irgendeine Mutter ruft aus dem Fenster

ihrem Schulkind hinterher, nicht sein Pausenbrot zu vergessen, und
Schulanfänger mit Ranzen auf dem Rücken suchen den Zebrastreifen an der
Ampel auf, um die naheliegende Grundschule zu besuchen, sie gehen meist
mit Geschwistern in Begleitung und nie allein.

Um die ganze Geschichte dieses Mannes zu verstehen, müssen wir ein paar
Jahre in die Geschichte zurückkehren, …

in die Zeit als der Mann selbst noch Kind war, und mit zwei Schwestern bei
seinen Eltern lebte. Er war in ein **künstlerisches Elternhaus** geboren. Der
Vater unterrichtete in Geigenmusik. Er selbst war gerade mit der
Mittelschule fertig, und ein fünfzehnjähriger Junge, der seinen Fortgang
plante, aber aus ihm wurde kein musischer Mensch, nur ein simpler
einfacher Schlosser. Sein Vater Musiklehrer, die Mutter brave Hausfrau, die
gern oft am Klavier saß und die romanischen Sprachen wie Französisch und
Italienisch liebte. Während die eine Schwester in die Ausbildung zur
Krankenschwester ging, hatte die andere Schwester einfach früh
beschlossen zu heiraten und zog mit dem neuen Mann in eine gemeinsame
Wohnung aus. Soweit betrachtet war in dem familiären Umfeld gar keine
Anomalie erkennbar. Das hielt ihn nicht davon ab, anstatt die Ideale und
Normen zu übernehmen, als gute Menschen zu fungieren, und einmal ein
Kind mit Anstand und Bescheidenheit großzuziehen, so wollte er ein
Menschenquäler werden. Er würde als Vater nicht die Jugend anderer
achten, aber malte sich genussvoll den Gedanken aus, **einfach das
Gegenteil zu tun**. Darum blickte er vom Dachbodenfenster nachts dabei zu,
wie Verbrechen geschahen, und Häuser in Flammen standen, doch von
seinem sicheren Ausguck rauchte er seine Zigarren. Das unaussprechliche
Leid, was sich vielleicht gerade woanders abspielte, für ihn lediglich ein
Film zu sein schien, der ihn triggerte.

Sein besonderer Kick schien darin zu liegen, es auch vor anderen
vorzuführen, wenn er Tiere quälte, besonders die Raupen sammelte und
sezierte, wenn sein Cousin auf Besuch war, dann schnappte er sich das Glas
der Tiere und schlitzte sie vor dessen Augen auf. Wenn sie durch Straßen
gemeinsam unterwegs waren, suchten er nach seinen Opfern, sie aufzulesen.

Er wuchs zu einem großen blonden Hünen heran, nutzte die Ausstrahlung eines jungen Mannes, Frauen deren Kopf zu verdrehen. In der Urlaubszeit verbrachte er ein Praktikum auf dem Schiff eines Walfängers, und berauscht vom tonnenweise fließenden Blut, dass er in der Schlachtung vor fand.
So kam eins aufs andere. Der Mann zum Schlosser geworden, heuerte beim Militär an, um da an Panzern zu schrauben, und hatte zumindest für sein eigenes Auskommen gesorgt, dass er bald bei den Eltern auszog und eigene Orte bewohnte. Er bewohnte also gezielt den Stadtteil mit den meisten Fressbuden und Rotlichtviertel, weil diese Gegend mit kaputten Menschen eine magische Anziehung auf ihn ausübten. Doch bevor er beschloss sich für seine Zwecke eine eigene Familie zuzulegen, schnappte er sich eine junge Frau von einem Tanzabend in der Kneipe an der Ecke mit zu sich und richtete sie sich so her, wie er für sie die Zukunft zurecht legte. Dazu nutzte er den Kick der Manipulation, weil es ihm einen besonderen Glücksfall bedeutete alle Leute, mit denen er sprach, dahin zu lenken, dass sie sich entwertet fühlten, in seine Denkweise hinein gezogen, sich von ihm von deren eigenen Lebensgeschichten auf Abwege gebracht wurden.

Wie viele Menschen haben wir in unserem Leben verloren,
weil wir in all den Dingen, die wir anboten, zu real und ehrlich waren?
Wir haben verloren, weil wir nicht in der Lage waren,
unsere Gefühle vorzutäuschen und die Art und Weise, wie wir mit ihnen
umgingen, zu verschönern.
Wir waren nicht in der Lage, aufrichtig und offen zu sein.
Wir wissen nicht, wie wir uns verdrehen oder einen Charakter annehmen
sollen, der unserer Persönlichkeit widerspricht.
Wir kennen keine Heuchelei, keine Höflichkeit und keinen Widerstand
gegen unsere Überzeugungen und Prinzipien.
Wir haben verloren, weil wir nichts angeboten haben,
außer aus unserer Tiefe, weil es uns nur darum geht, wir selbst zu sein.
Wir haben viel verloren, aber wir haben selbst gewonnen,
und das ist der wichtigste Gewinn in unserem Leben.

Er verdreht sich, noch indem er sich von allen Normen der Menschlichkeit entfernt, und um von sich ablenkend in ein rhetorisches Spiel, die Menschen das Denken zu lassen, was er für sie bestimmt, darin findet er sich genial, und sieht dann dabei zu, wie sie in ihr Unglück schlittern. Eigentlich hat er bereits die Grundgedanken eines Zuhälters längst vollzogen.

Er wird als Schwarzfahrer entlarvt. Seine Methode im Kennenlernen von wahllos fremden, freundlichen Frauen, ist ihnen Geistreich was vom Pferd zu erzählen, schmeichelnd Gunst zu erwerben, direktes Vertrauen und Verlangen nach deren Person, abgeschmackte Komplimente abliefern, auf grundlegenden moralischen Denker machen, von eigener hilfloser Lage ausgehend, plötzlich wieder mit hohen Zahlen jonglierend, als ginge das nicht anders, und nicht dass er derjenige sei, der die Frauen „bezahlte".

Bis er aber den Fisch erfolgreich „vom Haken nehmen kann" und die Frau zu seinem Vergnügen „weichgeklopft hat", wirft er ihr ab und zu ein paar philosophische Brocken zu, um die eigentliche persönliche Härte, Kraft und Kälte zu überspielen. Damit Eindruck zu schinden, in mehrfacher Abwertung doch noch reuig um Hilfe bittend, wie er sich in ihren Augen besser verhalten solle ? Damit die Alte sich wieder wichtig fühlen darf.

Doch eigentlich zugibt, die Mutter selbst in die Küche zu schicken, die ihm täglich das Essen bereiten darf, lieber tagsüber schläft und nachts umher streift und wach blieb, eben wie ein Blatt im Wind, bis das Blatt nachher auf der Erde liegt, und wieder zu Erde wird, so bedeuten einem wie ihm die Beziehungen zu Menschen wie Eintagsfliegen, die so lange dauern, wie die Sonne am Himmel scheint, doch bei Schlechtwetter wieder abflauen werden. Der Frau ein Baby machen, doch diese zuvor im Reagenzglas seiner Gefühle einweichen, die Chemie seiner Verbindung doch mehr der eines Neandertalers, der Schwester die Kalte Schulter zeigen, der Nachbarin den Vorwurf machen, ihn allein zu lassen, intellektuellen Frauen vorgaukeln, sie seien für ihr Alter gerade noch anbetungswürdig, die Prioritäten anders setzen, wenn Frauen sich einbilden, einen Freund in ihm zu finden, der Frau keine Weisheit zugestehen, absprechen, sie hätte wohl keinen mütterlichen Bezug zum Leben, weil Mutter sich ihr noch nie reuig ergeben hätte, deshalb ihr noch nie im ganzen Dasein ein echtes Licht hätte aufgehen sehen, und in Gestalt ihres Hundes sie die Anwesenheit der Ahnen nicht erkannte. Er wertet den Hund der Frau ab. Es ist seines Erachtens immer der Blick von der Wand einer Eule, wie die Augen seiner Mutter, die über ihm wacht, dass er sich nicht ernsthaft an eine Frau bindet, als einzig verbliebener Sohn, der nicht von ihr wiche, und deshalb die anziehende Frau von ihm zur kranken Pussi runter degradiert ist. Der Wolf, der er sein will, der Löwe, für den er sich ausgibt, in Wirklichkeit der Schoßhund, den er für die Mutter darstellt. Sein innigster Wunsch und Begehr, über Soziale Netzwerke, andere eindrucksvolle Frauen und Mütter ins Vertrauen zu ziehen, um sie im Leben eines anderen zu belehren, und ihnen damit ihren Stolz zu nehmen, weil dies sein Spiel ist, wie es in diesem Sumpf des Dating so oberflächlich und anonym zugeht, misogynen Männern keiner verbieten kann, sich verlogen zu verhalten, anderen zu schaden.

Er hatte die Mädchen einfach kurzerhand für sich anschaffen lassen, nicht der Mann, der bereit war, für seine Dates finanziell aufzukommen. Die Frauen sollten von ihm lernen, dass seine Beziehungen zu Frauen für sie keinerlei Errungenschaft bedeutete, außer sie zu anfangs gründlich zu vögeln.

Bis auch dieser Kick verblasste, plante er ein neues Kapitel seiner sadistischen Karriere zu probieren. Er heiratete eine völlig ahnungslose Frau, deren Unerfahrenheit mit ihren eigenen Ängsten umzugehen, sie in ihre totale emotionale Abhängigkeit mit ihm manövrierte, und wie ein schockiertes Eheweib, dass nach der Hochzeit von der Wiege in die Traufe fiel, stellte sie zu spät fest, dass er sie im Griff hatte, der sie finanziell und die kommenden Kinder versorgte, dazu musste sie nur immer dran vorbei sehen, oder sich gegebenenfalls an Quälerei beteiligen, aber vor der Beziehung sich gegen einen massiven gewaltbereiten Mann zu erwehren, lernte sie nicht. Er plante einem eigenen Kind von seinen drei Statussymbolen auf dem späteren Weg von dessen Wehrlosigkeit ausgehend, **das Kind sein auszutreiben, dessen Werte und Ideale zu zerschlagen**, ihm den eigenen Lebensweg zu versagen, es aus dem Haus zu vertreiben, zu denunzieren, seine Meinungsfreiheit zu kappen, und ihm herrschsüchtig mit Schläge vor den Zeugen zu schaden. Einfach so sagte er sich, weil er es kann, seine Grausamkeit eines in Wohlstand lebenden Europäers, der dafür bekannt ist, sich häufig am eigenen Kind zu vergreifen, und doch in einem Regelwerk zu leben, das nicht wirklich alles erlaubt, damit der Reiz des Verbotenen bestehen bliebe.

Er heiratet also ein erstes Mal. Man sagt, wo ein bösartiger Mann sich erst niederlegt, da wächst kein Gras mehr. **Sein Sohn wird geboren,** der in sich dieselben Gene seines Vaters trug, bestens aus gefaltet, als der Familienvater Frau und Kind einfach für eine andere sitzen ließ. Der Vater bereitete dem Sohn sein Weltbild wie ein Akkordeon. Die ganzen Kinderjahre blieb es verschlossen, bis eines Tages des Sohnes früh schon die Pubertät kommen sollte, und er damit verstand, in ein liebloses Elternhaus geboren zu sein, denn der Vater sie beide gedemütigt stehen ließ. Es entfachte im Sohn wahre Rachegelüste. Damit öffnete sich das Musikinstrument, und all das Böse, dass darin gelagert war, konnten sich in seinen Blättern entfalten, ausbreiten, wahr werden.

Er wusste es. Er kannte sich mit seinen Machenschaften bereits gut aus. **War die Ziehharmonika erst mal geöffnet,** sollte sie sich nie mehr wieder zusammen ziehen können !

Sein langjähriger Kick dem Kind so weit es geht, sein Leben zu versauen, mit der Hingabe alles um ihn her aufzuhetzen und dahin zu lenken, entweder mit ihm zu laufen, oder abzusaufen. Er schaffte, dass seine armseligen Gefolge aus der Familie sich ihm beugten, und die Missetaten einfach weg logen.

Jeder Tag, der passiert, wird für dich eine Erkenntnis, die erst weit weg selbst vor Augen gehalten kriegt, was sich in dem Leben diesen Mannes alles abspielte.

Ganz gleich, wie sehr Sie einigen Menschen dienen und wie viel Sie für sie opfern, erwarten Sie keine Dankbarkeit von ihnen ... und ganz gleich, was Sie für sie tun, eines Tages wird es in ihren Augen nichts mehr wert sein. Manchmal bist du egoistisch und gibst ihnen zuerst den Rest. Egal, was du für sie tust, du verfehlst sie, selbst wenn Feuer und Licht in dir steckt, und wenn du Hügel für sie baust, über den Hügeln der Liebe ... du liegst immer noch falsch. Wenn du dein Leben damit verbringst, werden sie dich unweigerlich schockieren.

So sind manche Menschen, egal was Sie tun, Sie werden ihnen gegenüber menschlich nachlässig bleiben. Es gibt Menschen, egal was Sie für sie tun, für sie bleiben Ihre Handlungen ein Punkt an der Seitenlinie. So jemand verleugnet eines Tages deine Gunst und Güte, als ob du nichts getan hättest, und wenn er wieder zu Kräften kommt, findest du, dass er für alles undankbar ist und sich von dir fernhält, und sie beschuldigt fahrlässig zu sein, weil ihre wichtigsten Interessen vorbei sind und sie mehr von Ihnen wollen, ohne anzuerkennen, was Sie zuvor getan haben. Sie brauchten dich, und als sie aufstanden und sich wieder erholten, hassten sie alles, was du getan hast. Aber wir sagen: Lob sei Gott, der uns Barmherzigkeit eingepflanzt hat. Er hat uns zu einem Grund gemacht, denen zu helfen, die uns brauchen unsere Herkunft und Menschlichkeit, die bei den meisten Menschen nicht mehr vorhanden ist.

Ihre eigenen Fehler sehen sie als Berge an, die schwer zu tragen sind. Halten Sie sich von ihnen fern, denn egal, was Sie tun, Sie werden keine Einigung mit ihnen erzielen.

Es ist wie mit den zahlreichen Möglichkeiten des Lebens, etwas anzupacken, etwas auszusagen, ein Bedauern über eigene Fehler einzuräumen, selbst um Verzeihung zu bitten. Mancher kann es nicht. Wer statt dessen all diese Momente von sich weg hält, ohne Zustimmung wird er keinen Test bestehen, immer richtig gehandelt zu haben ! Es hängt nicht von den Getanen Dingen ab, sondern viel mehr, nicht den Kaffee kalt werden zu lassen, und erhebliche Taten zu unternehmen, nicht liegen zu lassen, die Ungeschehenen Taten, lassen einen vielleicht erwachsen wirken, aber dran vorbei gelebt zu haben, bis die Chance das alles aufzuholen vergebliche Liebesmüh !

Kapitel Zwei

EHEANBAHNUNG

Wir verbringen unser Leben damit, nach den Schlüsseln zu suchen, um
Menschen zu betreten, die keine Türen haben.
Wenn die Tür zu einem Menschen,
nur durch sein eines Auge geht,
das es dich gleichfalls willkommen hieß,
wie du es bewundernswert annimmst,
dann brauchst du nur noch
glücklich darüber zu lächeln,
und ein Kompliment wechselt das nächste !
Frauen verlieben sich nicht wie wir, mein Freund.
Frauen verlieben sich in Geld, Macht und Einfluss.
Ich habe noch nie in meinem Leben eine Frau gesehen, die stolz auf ihren
Mann war, weil er loyal und aufrichtig ist oder weil er sich um sie kümmert!
Wieviele mal habe ich dem Einäugigen entgegen geschaut ?
Wieviele mal ist er doch vor mir schnell abgehauen ?
Wieviele mal mochte er mich ehrlich nie,
und will doch immer wieder geliebt sein ?
Wieviele Namen du als Mann trägst, das ist es, worauf es ankommt.
Wieviele Frauen du kennst, Mann, das ist es, wie du auf mich zukommst.
Wieviele mal hab ich es mit dir versucht,
und danach allein mich wieder in kleinen Teilen zusammen zu pflücken.
Was hat das bitte mit Geld und Gold zu tun ?

34

Naive Frauen, machen sich nicht das Richtige Bild von ihrer Welt, besonders wenig von ihrer Leidenschaft und fassen dies nicht in Worte, ein Verlangen für das sie sich mit all ihrer Energie wie Lebenskunst einsetzen würden, sie haben nicht die Bescheidenheit zu erkennen, dass alle Menschen von ihrem eigenen Leben ausgehend, immer das andere Leben des Fremden, Schönen für sich herbei sehnen. Aber wer steht schon zuerst zu seiner Familie, und wenn erst aus Abstand, um die Fallen, Erfahrungen der Eltern, und die Erklärung ihrer Erziehung oder Fallstricke zu verstehen ?

Naive Frauen bilden sich ein, je mehr sie sich das Weltbild eines anderen zum eigenen machen, und unterwürfig sind, desto größere Chancen hätten sie auch mit einer Lebenslüge gut davon zu kommen. Sie fahren durch die Landschaft und denken, dass Sie bald in Upsala ankommen, wie schön es ist, ein bisschen schneller zu fliegen, denken, dass das Auto Flügel bekommt, ... und so weiter. Gefährlich. Da unser Unterbewusstsein noch härter arbeitet als unser Bewusstsein ! Seien Sie also ein denkender Mensch. Etwas so Tödliches wie ein Auto sollte man Heirat wütigen Frauen nicht anvertrauen. Nein, Sie sollten sich der Gefahr bewusst sein, die in Ihnen liegt ! Wer weiß, wie viel Angst er vor sich selbst hat, fährt vielleicht besser !

„Moin schöne Frau ! Ich wollte immer schon mal gerne wissen, wer an unserer Rezeption die Fachangestellte ist, und sie gerne mal zum Abendessen einladen !"

„Guten Tag auch, darf ich vorstellen. Sascha Alexandra. Ich bin hier als Ingenieur angestellt worden, aber komme im Job das erste Mal in dieser Stadt an. Habe mich noch nicht ganz eingelebt, kenne hier so gar keinen."

„Ja, tatsächlich ? Ich bin hier schon seit zwei Jahren beschäftigt."

„Mir ist zu Ohren gekommen, dass diese Stadt in ihrer Art recht viele ausländische Kräfte hat, aus jeder Richtung, sind Sie auch mit den Amerikanischen Streitkräften verwandt oder eine hiesige Bürgerin der Stadt ? Ganz abgesehen davon, dass Sie ganz sicherlich weit jünger einzuschätzen gehen, als es Ihr wahres Alter verspricht, so sind Sie doch annehmbar anzusehen !"

„Danke sehr für die Komplimente. Nein, ich komme aus ganz einfachen und deutschen Verhältnissen, die meisten meiner Verwandten stammen vom Landleben her. Mein Vater war Schlosser, und meine drei Schwestern sind bereits verheiratet außer mir, und ich bin der jüngste Nachzügler von uns."

„Ich kenne die Welt, auch von den Seiten auf See, und an Land. Auch ich bin einfacher Schlosser gewesen, dann hab ich im Büro hier angefangen. Ich kann gar nicht weit genug betonen, wie mich das erleichtert, dass Sie keine einschlägigen Erfahrungen mit Ehe und Amerikanischen Verhältnissen pflegen. Das lässt doch noch Hoffnung haben, man könnte Sie vielleicht kennenlernen !"

„Oh, ja doch. Ich zum Beispiel mag die Sorte Schuhe, die Sie tragen. Man sagt ja den Frauen nach, die ihre besten Männer getroffen haben, die sich gut zu kleiden wussten und Manieren haben."

„Nein, ich finde, es gehört bei uns Männern dazu, sich um die Frau zu bemühen, nicht sich zu kleiden in was und wen immer. Der Zauber geht immer von den Frauen aus !"

„Das klingt gut. Natürlich ist mir das Allerwichtigste, dass ein Mann gut im Haushalt ist. Sonst finde ich, passt das auf Dauer gesehen nicht. Was sich sonst drum herum vielleicht noch abspielen wird, steht in den Sternen. Ich bin ja nicht naiv."

„Ja, ich denke auch, dass eine Frau, die für einen guten Haushalt sorgt, auch ihre Kinder gut erzieht. Und eine schöne Blume im Garten, hat auch verdient, dass ihr Mann die Brötchen verdient und ihren Garten hegt."

„Ja, für eine Rosen hielt ich die verheiratete Frau auch, eine mit Ansprüchen. Man will sich ja nicht lumpen lassen."

„Und sicher, Sie haben Recht. Ich muss nicht nur gut aussehen, was denn wenn ich nicht für der eigenen Familie bessere Zukunft sorge ?"

„Wer erklärt den Töchtern ohne Vorbild, wie sie ihren Job erlernen soll ? Das ergibt sich in der Ehe alles erst mit den Jahren, innerlich zu reifen."

„Das ist gut gesagt. Es heißt ja, erst im reifen der Lebensjahre zeigte, dass sie höfliche Leute seien."

„Gut, aber ich komme aus einfachen Verhältnissen, das ließ mich auf den Richtigen erst warten. Ich kannte keine Schule, und habe keinen anderen Beruf erlernt, als hier die Empfangsdame zu spielen, und für die Buchhaltung zu sorgen, aber ich sehe, Sie fahren ein mächtiges Auto auf der Straße. Als könnten Sie mit Ihrer Fahrerlaubnis auch die Dame Ihres Herzen kutschieren. Ich würde den echten, wahren Menschen nicht draußen behalten, hätte ich Ihre Wahl getroffen, und nur den Prinzen zu mir rein lassen, das ist nicht mein Pläsier."

„Das gehört sich so. Je mehr wir wissen, desto besser. Nein, das ist nicht die Regel, ständig etwas über die Gesellschaft zu lernen, wer sich noch nicht mal vergeben hat. Dies machte uns beide aus, als Team zu arbeiten, und sich darin die bewundernden Blicke zu zu werfen."

„Das ist definitiv nur ein Bewusstsein. Wer musst erst studieren, um die Menschen zu kennen ? Das Leben ist kurz, wir müssen die Lage beim Schopf ergreifen, sage ich mir."

„Und wir müssen so schnell es geht, dafür vorsorgen, um nachher die Früchte davon zu tragen, desto wertvoller wird es. Kein einzelner Mann darf nur in der Theorie leben, und sich Traumschlösser malen, wenn die schöne Taube genau vor ihm sitzt, die sonst ihre Flügel ausbreitet und für immer davon fliegt."

„Doch wo man aufhört, von der Liebe zu träumen, der wachte sehr schnell darin auf, überhaupt keine Freunde im Leben zu bekommen, die Frau kann sie sich nicht zurecht zu backen wie ein Brötchen."

„Ach was, ich sage „Freunde seien wie lästige Ameisen, derer sie sich nur entledigen solle, dann hätte sie ein besseres Leben mit ihm im Ernstfall in Aussicht. Wir haben schon als Kinder soviel ausgestanden, uns vor den anderen ausgeschlossen zu fühlen. Wo kämen wir dahin, wenn wir uns stets nur wie im hohen Mäuse Turm verstecken, um nie wieder die Verehrer zu Ihnen hinauf zu lassen. Es ist gewiss, wir haben unsere kleinen Tausend inneren Spione, die uns durch Hunderttausende menschlicher Erfahrungen führen. Das Erbe. Ja, natürlich ist das ein Beweis dafür, dass wir Menschen uns über hunderttausend Jahre entwickelt haben. Aber soll das uns davon abhalten, eine Partnerschaft einzugehen, die uns innerlich reicher fühlen lässt ?"

„Gut, an den Punkten beginnen wir, die wir auf der Erde lebten, mehr darüber zu erfahren, und uns nicht mehr nur wie kleine Wesen zu fühlen, die auf flacher Erde, als Ameisen die Welt bevölkern. Denn die Liebe ist doch die Würze allen Lebens."

„Eines Tages sollten die Seelenwanderer alle etwas über ihre Seele, ihr ganzes Wesen erfahren ! Also lass es uns versuchen. Und ich lade die Dame hiermit zu einem Essen ins schicke Restaurant mit mir ein, wie wäre es mit Steak House ?"

„Ja, wir sollten die Gelegenheit vielleicht wahr machen, Herr Alexandra. Ich heiße übrigens Diana Morceau."

Kennenlernen ist so eine einfache Geschichte, doch noch immer müsste die Frau wissen, die tatsächlich angebotene Fähigkeit zu lieben, wird nicht im Gleichzug erwidert, nicht jeder hegt genau die Bewunderung für den anderen, die er nur vorspielt, es ist meist nur die Spiegelung im anderen, dessen erste Begeisterung im Spiel des Neuen, dessen Reiz, der alles mit den blühenden Farben der Blumen eines Gartens übermalt, ein schneller Duft, der aufkommt, doch eine Liebeserfahrung, die sich bereits beim nächsten aufkommenden Schlechtwetter in nichts auflösen wird. Und dass oft derjenige sich schwört lieber der Erste zu sein, der fremdgeht, bevor er sich selbst verletzen lassen wird.

Mit jeder neuen Veränderung sehen wir diese Wiederholungen, wenn Frau und Mann, sich immerzu nur an der gegenüber liegenden grünen Wiese bereichern müssen, weil angeblich dort das Gras besser wächst, und die geklauten Früchte die besseren sind, die wir uns jetzt sofort und so schnell es geht beschaffen müssen.

Wir schärfen unseren Geist, wenn wir sie besser kennen, unseren eitlen Gelüste. Wir sind lebendige Archive, und das macht uns frei, aber die Menschen leben in einer Region, in ihrem Wohnort, ihrer Landschaft, ihrer Geschichte, ihrem Glauben und ihrem natürlichen Wesen, das ihrem eigenen entsprechen will, lernen müssen, es mit uns selbst in der Stille respektvoll die Antwort zu suchen, sie achten darauf.

Ein sadistischer Mensch aber zögert nicht seine Werbung damit zu unterstützen, als gelte es gleich morgen die Frau zu überzeugen, und geht gleich massiv, in Sturm und Drang so auf sie zu, dass sie es mit starkem Interesse verwechselt. Kluge Frauen nutzen ihre Freizeit solange sie sich jung im Herzen fühlen, nur, um sich zu beruhigen, zentrieren, und riechen die Gerüche und entdecken die Lichter, seien sie empfunden unbedingt laut und noch aktiver auch am anderen wahrnehmbar.

Eine geblendete Frau weiß, nicht, dass Träume einen an Menschen erinnern, die man schon lange nicht mehr gesehen hat, und dass die Bilder, die man um sie herum sieht, manchmal viel, viel erschreckender wirken als die realen Situationen, denen man begegnet ist, als ob man Situationen kennen würde. Erinnerungen sind wie echte Ansichten, aber längst vergessen und die Orte werden verdammt real, nenne man sie schlechte und unerwünschte Träume, dass jedermann dessen Zukunftsgedanken ihn mit Sorgen belasten.

Sie alle sind die ungelöste Lebensmaterie anderer Menschen. Große Fantasie zeigt diese Träume, die ganze Dammlandschaft eines einzigen Kummers, ein riesiges Paket von vielleicht dreißig Gedanken, gesammelt für nur eine Person, so ruhig, klar, alles zusammen, und von einem sadistischen Menschen ausgelöste Alpträume, die er vorschickt, um zu bekommen, was er will, über wochenlange derlei Schockträume, das ist nicht gut.

Der seltsame Mann also will diesmal heiraten.
Eine Gefahr scheint darin zu bestehen, sich in der Liebe zu verlieren. Auf geheime Weise scheint er seine Kandidatin zu beobachten wie ein aktiver Falke, der am Himmel jagte, er war ziemlich weit entfernt und die Betroffene schien in völliger Sicherheit. Es ist immer die reine Natur, die einen regeneriert, die Natur wartet nicht, sie ist da. Eine Warnung darüber, dass fast jede Frau auf ein lockendes Angebot wie Heirat eingeht, weil jeder Mensch in irgendeiner Weise käuflich ist, für die Art wie käufliche Liebe auf den Markt gebracht wird. Ich denke, das ist ein Erfolg. Es gibt viele Erkenntnisse über die Wirkung der Techniken auf Menschen. Darüber hat sich ein Wort gewandter Betrug vorher immer vorbereitet.

Da war der kleine Ring, der im Sand gefunden, die Perlen schimmerten ein wenig blau, aber im Ring hatte es einmal eine scharfe Spitze und es tat weh, dass der Frau also der angebotene Diamantring zu tragen, Erleichterung sein könnte, ein durch Gedeih und Verderb, nur um ihn zu besitzen, dass er in einer Seelenwanderung die große goldene Zukunft spielt, Psychopathen, egal ob in weiblicher oder männlicher Form. Beide werden von Gott auserwählt, aber keiner spürt, dass es mit ihnen hinauf und zurück in die Hölle geht. Echte Freunde sind einfach zu schlau, um sich wie schlechte Menschen zu benehmen ! Frauen laufen eben Gefahr, dem Menschen zu vertrauen. Es erinnert sie nicht das Gefühl aus der Kindheit, Abstand zu solchen Menschen zu halten, die mit Süßigkeiten kommen.

Es gibt immer von allen Seiten Verständnis, sich an Schmerz im Leben nicht zu erinnern. Es tut weh, sich an emotionale Narben zu erinnern, die Verdrängung wiegt vor, wenn zwei im Mutterleib als Zwillinge zusammengelebt haben. Aber ein solches Leben in Zweisamkeit und emotionaler Abhängigkeit zum Besseren ist und ob es eine so gute Lösung für das Leben ist. Die Abhängigkeit nach der Sicherheit im Leben, nach dem starken Arm, vergleichbar mit der Hölle, weil es das aber niemals gibt ! Ihr großer Traum war schnell ausgeträumt. Dies ist die Gefahr für alle Menschen, ob Mann oder Frau, wenn sie mit einem glänzenden, hellen und großen Herzen in Berührung kommen, werden sie alle zum Narren gehalten. Der Mensch an sich ist nicht unvoreingenommen gut.

Und lassen dich in der Rinne liegen, jeder kann von weitem riechen, wohin die Schafe gehen. Raubtiere. Versteht man auf eine andere Art und Weise, dass ich dieser glückliche Mensch bin, der endlich weiß, wie man sich selbst akzeptiert, sich selbst liebt, nicht neurotisch zu sein. Das ist eine feine Sache zu wissen, und so besitzt ein Mensch mit Selbstwahrnehmung auch die Fähigkeit für das Leid anderer mit Rückgrat solidarisch einzutreten, und nicht schuldhaft fallen zu sehen, und wegzusehen. Das ist paradox, wenn Menschen wissen, dass das Privileg des Lebens, das ihnen geschenkt wurde, da sie nicht missbraucht wurden, wenn man das Glück hatte und dennoch nicht auf der gleichen Seite wie die Opfer stand.

Sie sehen, das ist menschlich ! Das hat narzisstische Züge, und ist in seiner Veranlagung bei jedem Menschen vorhanden. Vielleicht handelt es sich um bezahlte Schauspieler und nicht um Betrüger, natürlich nennt man sie Experten, doch kluge Leute beenden diese Kommunikationen abrupt mit dem Satz „Die Freundschaft endet hier immer in Geldangelegenheiten !"

Man hatte zuvor über Menschlichkeit und gute Manieren im Umgang mit Kindern gesprochen, aber über solcherlei Aussprachen mit Sadisten und Psychopathen geraten diese Menschen immer an ihre Grenzen.

Man fragte diese Leute doch mal:

„Ist das Leben, wie wenn du einen langen dunklen Tunnel lang musst dies Jahr mit dem Anblick vieler schöner hölzerner Türen, und mit dem Schlüssel in der Hand, musst du jetzt raus finden, durch welche Tür du gehst ? oder ist das wie wenn du dort in dem Tunnel letztendlich deine große Tür öffnetest, und dort wiederum in einer riesigen unüberschaubar großen unterirdischen Halle stehst, mit ach wie vielen fremden Menschen ? oder meintest du, da wartet vielleicht auf dich ein ganz neuer Job für dich zu tun ? oder kann dich das auf einen neuen Weg führen, der dir erst grausig vorkommt ?"

Eine Frau kann mit der offensiven, massiven Art der Werbung um ihre Person nicht viel anfangen, wenn sie nicht im Geiste stabil, ihres eigenen Zaubers bewusst, in ihrer eigenen Welt ausbalanciert ist, und sich dem bewusst ist, was sie von ihrer eigenen Herkunft aus bestimmt nicht für sie will. Wir sie überrumpelt, von Herren schlechter Herkunft oder Absicht getragen, erfährt sie unterbewusst im Kennenlernen schon die ersten aufkeimenden Zweifel und Alpträume, die sie aber als Warnung nicht anhört, ausspricht, sondern davor scheut, und sie wird sich in immer weitere Alpträume hinein manövrieren, ohne dass ihr da irgendeiner mit Verstand rechtzeitig heraus verhilft, und sie begibt sich in dessen Netz der Beeinflussung ihres Verstands, und wird immer so handeln, wie der Fremde es für richtig hält. Das geht bei allen Menschen, die ohne deren Lebenserfahrung niemals gelernt haben, sich aus einer schwierigen Situation von selbst zu befreien. Sie empfinden die Totalität der Selbstaufgabe als eine Art der Erlösung vor noch größerem Schmerz, den der mentale Einfluss sonst noch bei einem bewirkt, der nicht nur deren Denken und Handeln bestimmt, sondern jeden Instinkt untergräbt, mit Vorsicht zu genießen, was Fremde von einem wollen, die am längeren Hebel zu sitzen scheinen.

„Ach hatten Sie familiär eine tragische Geschichte ? Es interessiert mich sehr."

„Jetzt wo Sie es sagen, so waren wir wirklich vor nichts gefeit. Unsere Familie hat unermessliches erlitten, davon können sich die anderen gar kein Bild machen. Nur wer schaut schon hinter die Kulissen ? Es denkt ja jeder nur an sich. Wir leben in einer ungerechten Welt. Das muss gesagt sein. Die Menschen denken alle nur an sich, und doch wird in jedem Haus gestorben. Wir leisten, was wir können, und haben keinen Dank. Wir tun immer mehr, als man erwartet, und werden beschimpft dafür. Wir gelten als fahrlässig ohne dass man unsere Arbeit anerkennt. Da muss man doch lernen, als Familie nur für sich selbst zu sorgen, schließlich wollen unsere Kinder es alle auch gut haben, und Erfolg haben. Da der andere sich nur um sich selbst kümmert, wollen wir auch nicht immer nur dem Bedürftigen helfen müssen. Und was nutzt es einer Alleinstehenden Frau, wenn ihr keiner hilft ? Man sieht doch wie es den armen dummen Dingern geht ! Wer kann den Verlassenen Frauen denn da noch helfen ?“

„Sie haben schwer erlernt, sich mit verbaler Gewalt von schlechten Freunden fern zu halten. Sie haben völlig recht.“

„Genau, wissen Sie, welche Frau hatte nicht schon manchmal einen jungen Mann angetroffen, der aus Trotz den Mutter' Sohn zu sein nicht aufgibt, bis dass der Tag sie scheidet. Daran ist doch nichts Verwerfliches, wenn die Familie zusammen hält. Und die dann doch erleben muss, wie an dem unverhofften Tag die eigene Mutter sich im Bad erhängt vorfände, um den Beweis zu erstellen, dass eine Mutter-Sohn-Trennung dennoch unausweichlich sei ? Und dann die Leute darüber lachen müssen...!“

„Sie haben keinen, dem sie vertrauen, und erziehen meist allein. Jeder Familie hat dieses Leid, und die sorgen sich alle um deren Kinder, ohne an sich selbst zu denken, meine Dame.“

„Ich erinnere mich, ich wuchs im Elternhaus unter ständigen Stress auf, und verließ das Haus nie, und wollte immer eine gute Tochter sein.“

„Ja, Töchter, die im Stress aufgewachsen sind, dass sie nur unterbewusst das Gefühl vermittelt bekamen, der Familie nie zu genügen, aber letztlich sind sie alle früh genug erwachsen geworden, wie die Gesellschaft es von ihnen erwartet, dass gewisse Kompromisse dazu gehören.“

In dem Sinne, der Pflicht die ruft, und dem Bürokratie Monster, die die meisten echten Liebesbeziehungen verhindern, lacht sich der Verehrer vor jeder Eheschließung eins, die Frauen aber, im Unwissen missbraucht zu werden, wie der Junkie an den Leuten wie am Tropf zu hängen, die sie emotional verhungern lassen, wie würde ihr Leben wohl verlaufen, wenn nicht immer nur erfolglos und unter Blamage enden müssten ?

Der Eheliche Sex verläuft im Allgemeinen auf und ab. Ist er dann unweigerlich an seinem Tiefpunkt angelangt, wer schafft es dann noch, sich mutig und tapfer gemeinsam wieder aus dem Nullpunkt empor zu arbeiten ? Vorher fühlt sich jeder persönlich auf den Schlips getreten und gibt es auf. Sie muten sich perverse Varianten zu, ihre Ehe zu retten. Sie laufen sexy einher, weil sie darauf vertrauen, dass Schönheit sie weiter bringt. Wer zeigte seiner Tochter als Mutter nicht gern, die mütterliche Sexualität sei das Beste, mit einem oder mit vielen, Hauptgrund es sei immer der Mann da, der ihnen alles bieten müsse, bis die Tochter dann total sexualisiert und plemplem gegen ihre eigenen eigentlichen Grundsätze, ihre Partner wechselt, von einem Totalversager zum nächsten ?

Vielleicht, und egal wie du dich entscheidest, könntest du für dich vielleicht genau den richtigen Weg wären oder den falschen, aber ohne solche Erziehung uns doch wie schön diese Entscheidung automatisch damit abgenommen ward, unseren Eltern für eine ach so gute Kindheit zu "verzeihen", was sie uns da dennoch alles angetan haben. Damit muss ein jeder leben, und seine Ruhe und Balance im Leben haben. Und sag mir bitte Einer nur, ob was Wahres dran sei, dass die Ideal Familie mit den ganzen Glücklichen drin, nicht in Wahrheit unter solcher Fülle und Verstehen, Teilen, Anerkennen, Übereinanderliegen, in Träumen fliegen, sich in Selbstliebe nicht mehr einkriegen.... nicht in Wirklichkeit eine solche ist, die alles in derlei Maße genießt, und den Kindern zugesteht zu genießen, dass ihnen die Essenz, das knapp erworbene am Ende überdrüssig und Übermaß an Elternliebe vielleicht nur dünne Luft gewesen ?

Ohne Menschenkenntnis kann man für keine Sache kämpfen. Das möcht ich bejahen. Sie lachen vielleicht noch, aber morgen früh werden sie einem Rücken kehren und jeden einzelnen Plan vergessen, den Sie gemacht haben, den Sie seit Jahren schon mehrmals hatten. Vielleicht wird für Menschen wie Sie die einzige Kunst der Zukunft das Hologramm der Natur und von Mutter Erde sein, und Sie werden das Haus nicht mehr verlassen, das Pferd als mechanische Kunst ins Wohnzimmer stellen und sich mit einer Brille vorstellen, Sie würden Reiten und die frische Natur draußen auf den Feldern genießen. Das wird mit unserer Realität enden, wie ich sehe, alles endet in Faulheit und macht dich zu einer Bärenhöhle voller Kissen, in der du dich verstecken und bis zum Tod überwintern kannst.

Die Leute, die kamen, wollten mich nicht immer als Freunde. Sie traten ein, nahmen mir ein preisgünstigstes Ding Freundschaft gerne ab und waren danach wieder weg. Ich bin dankbar und wirklich dankbar, nicht so eine Gier Krankheit zu haben wie andere. Sie leben ständig mit chronischen Schmerzen und können sich nicht einen einzigen Tag entspannen. Wenn du einsam bist und trauerst, kommt der Schleim um dich herum nur dann und will dich so sehr, dass der einzige Grund dafür ist, dass sie nicht allein sein wollen, sie sehen ihre eigene Einsamkeit persönlich. Jetzt stehen sie allein und reagieren angewidert über ihre Unfähigkeit, alleine zu stehen, diese erste Konfrontation mit sich selbst führt dazu, dass sie auseinanderfallen und keine Freunde mehr sind. Aber Einsamkeit macht stark, und selbst die „Freunde", die man nur auf der Straße trifft, sind es wert.

Der Vater ist ein Sadist. Er möchte seiner Tochter das tiefe Misstrauen gegenüber anderen Menschen einflößen, nur weil er das Machtspiel mit meiner überflüssigen Mutter gewonnen hat, konnte er mir, seiner Tochter, alles antun, und sie hätte weder die Macht noch den Mut, es zu verhindern, weil sie finanziell von ihrem Mann abhängig ist, dass die Mutter wahrscheinlich von Natur aus keine Einwände gegen ihre Kinder hatte, sondern stillschweigend ertrug für ein sorgenfreies Leben, ohne Arbeit, sie nicht die Kraft hatte, sich mit einem gewalttätigen Mann zu streiten.

Wir werden zu Panik, Unsicherheit, Minderwertigkeit, zu Kindhaftem Verhalten und Abhängigkeit genötigt. Die spätere "Religion" nur da, die lenkbaren Menschen von heute zu machen, die niemals erwachsen werden, auszubeuten, in Körperlichkeit und Beweglichkeit einschränkend.
Nur freiwillig innere Freiheit aufzugeben, ist sich in Gefahr begeben.
Die Steinzeit hat es uns gelehrt, unsere eigenen Ahnen zu ehren, aus deren Wissen Schutz erfahren, sie um Rat zu fragen, und im Sattel der Steinzeit fliegen zu lernen, uns vor den Gefahren zu wehren.

Wer birgt wohl meinen Charakter ? Wer spürt die meine Emotion ?
Wer ist von meinem Leben geprägt ? Wer spricht von meinen Ahnen ?
Wer arbeitete an meiner Sprache ? Wer hütet meine Talente ?
Wer besitzt meine Ehr-Prinzipien ? Wer schlug sich durch auf meine Weise ?
Wer hat meinen Stil gesund zu leben ? Wer weigert sich genau wie ich....
würden sie daher kommen, von mir abverlangen,
ich soll sie alle gleichschalten, mit Weichmacher gespült, Leuten vorschreiben, in all deren Gängen, Entscheidungen, zutreffender Erkenntnis, Ahnungen, Zweifeln, Gelüsten, Kreisläufen ihrer Gedanken, dürfe ihnen nie der Fehler unterlaufen, nicht so zu sein wie ich ??????

Betreten Sie den Wald, indem Sie sprechen. Mit den Bäumen reden.
Hören Sie auf das Wasser. Hier spricht der Klang der Stille.
Tragen Sie Ihr Leben durch den Tag. Verbringen Sie eine Nacht im Wald.
Lass das Gespräch unter Mondschein.
Lass sie Masken tragen, und Schals und Wolle,
aber sie werden dich verteidigen, die Mächte des Waldes,
geführt von deinem Bruder, dem Hirsch, schockiert über die klare Stimme,
die du sprichst, Du wirst sehen, du wirst sie rennen sehen !
Es ist keine so gute Welt. Alles ist umsonst. Ich bin kein Dummkopf, nicht naiv, nicht unwissend, Kein Missverständnis, kein Missachten.

Die Menschheit geht überall verloren. Ist das der Grund, finden Sie, dass wirklich alles wunderbar gelaufen ist? Aber wenn ich allein bin und denke, dass ich nicht oft laut lache.

Wenn das Haben ihr nicht gilt. Wer sähe dann ihre bleich Gestalt ?
Säh sie im Mondlicht mit Sonne zugleich. Erhaben drüber die kleine Wolke.
Er drückte sie da in seinen Armen. Wusst der Augenblick kurz nur schien.
Die Wolke nur ein Fadenscheiniger Gedanke. Reich die Fülle beider Lust.
Er war nicht ihr Erster gewesen. Er meidet es jedoch erneut...zum Himmel
aufzusehen, was er ahnte, wahr, das Haar einer weißen Wolke, war für ihn
nicht mehr zu sehen ! So drängt es also jedermanns verkehrte Heiratsabsicht
in einen schnellen Vertragsabschluss. Je schneller je lieber, erst nach der
Hochzeit, geht das wahre Leben los, und man kann sich schwer nur loseisen.

Darauf pocht der Heiratwütige. Kriegen sie keinen Mann ab. Geht es schon
mal drunter und drüber, da rein, da raus, und keinen im Gedächtnis, nicht
mal der Begriff wie sah sein Leben vorher aus ? Muss nichts besonders
gewesen sein, alles zurück zu lassen, so stehen und liegen geblieben, und
sofort "zusammen gewesen".... Kennst das, wie man das nennt, Lieben ohne
vorher nachzufragen, Ohne eine Vergangenheit, oder eine Zukunft, einfach
zu leben im Moment, versessen, wie einander verfallen, nur die Nähe
schenken, endet bei der ersten Krise oft in Selbstmord, es ist ... die
"AMOUR FOU", eine Liebe die auch keine Zukunft hat !
Tja da fällt' s mir wieder ein, es war eine stürmische Nacht !
Die Natur Gewalt. Die tosende Hose am Himmel, das Meer blitzartig
schwarz, rechts klatschte der Wind rein, links die karge Düne mich barg,
dann Donner und Grollen, haushohe Wellen zum Strand,
es war fast, als wenn der Wind, die ganze Welt verschlang,
der große Wüste Mann lief entlang, mit langen Armen fassungslos
das Schauspiel ihn umfasste, wo findet er sein Ende dieses Spiels ?
Sein langer Atem, die Beine erzittern, die Gischt um ihn beißend fast wie
Säure, fraß sich in seine Stiefel, die Sorge um seine Rückkehr ohne zu
wissen, wer ihm das noch glaubt, es ist nicht zu fassen, wie die Wahre,
Echte Natur ihm den Verstand schier raubte !

Der wahre Täter Umweltsau ! der INDIVIDUALIST,
er kann nicht mal wie der Baum, den ganzen Umwelt Dreck speichern,
er atmet, er scheißt, er verdreckt und schämt sich nicht. Der Mensch an sich,
der als Einzelner von Natur aus das meiste verdreckt, vergiftet, ist der
Störende !

Kapitel Drei

MENSCH ZUM ZIEL, DER SOHN !

Das Grausamste im Sohn schleppte er durch die Jahre, sich betrinkend, um der Erinnerung den Garaus zu machen. Er wusste, eigentlich war er der Erste, der damit gemeint war, einen Menschen in seine Gefahr gebracht hatte, derer sie alle sich bewusst waren. Sein Schein, in dem er badete, war dessen hohe Gestalt, sein Klassischer Name, die alles bejahende ihn allein erziehende Mutter, die alles durch gehen ließ. Er wollte sich an der Gesellschaft rächen, die es seiner revolutionären Gesinnung nach nicht verdiente, dass deren Kinder ein glückliche Zukunft hätten, die im pubertären Alter aufblühten, offen und freundlich waren. Es reizte ihn nur, sich der Intelligenz entgegen zu stellen mit schadenfroher, witzelnder Blödheit und wenn er sich dabei zur Schau stellte. Wie er den Rest an Verstand mit Drogen im Schnelldurchlauf aufgab und zum Neandertaler und Gewissenlosen Straßenfeger wurde. Es war nur dessen Illusion selbst erst die Illusion Realität aufzugeben, weil er glaubte, dass dies andere genauso tun, die anders sein wollten, als deren Eltern, denen er nicht mehr bereit war, seinen Schutz zu gewähren. Der Vater hatte seinem Sohn damit einfach die eigene verachtende Haltung zu den Menschen weiter gegeben. Der junge Mann wusste sich nicht mehr zu helfen, er wollte ganz anders sein, und war doch nur in seinen Abstieg hinein manipuliert worden, und war schnell von der Öffentlichkeit als Schwachsinniger Mensch wahrgenommen. Ein Prügelknabe, die Welt im Rausch und prügelnd in anonymen Städten durch die Straßen zog. Für den Rest der Tage setzte er fort, **was in der Pubertät begonnen, das väterliche Erbe anzunehmen**, den anderen Dreck fressen zu lassen.
Sein Lieblingssatz war, wenn liebende Wesen, aufrichtige Menschen, die Einsamkeit wählen, mit Worten niedermachte, vor anderen Leuten in den Dreck redete. Er hasste sie, die sich über Grausamkeit ein Bild machten, diese Empathie, zu der er keinen Zugang hatte, als regulär „Schwäche" zu bezeichnen, unproduktiv sei,nutzlos einfach. Dem Vater war er mit den Jahren sehr ähnlich geworden.

Die Leute, mit denen er sich umgab, zeigten sich als Chamäleon Menschen. Sein Erzeuger musste wohl das Haus früh verlassen haben, die Mutter blieb verarmt und desillusioniert in einer kleinen fast leeren Wohnung sprachlos zurück, an irgendeiner kleinen Straße, die aus der Stadt heraus verlief, und endete im Nichts, wie die Stunden in jener Küche, wo man nur **den Sekundenzeiger der Küchenuhr an der Wand** ticken hörte. Er hasste seinen Vater, der sie beide im Stich ließ, weil die Gesetze es ihm so einfach machten. Denn wenn der Ehemann die Trennung vollzog, blieb der Frau am Ende nichts, die für ihn kochte, putzte, ihm als treue Ehefrau beiwohnte, und das Kind obendrauf bei ihr sitzen blieb. Der Vater aber konnte es mit anderen treiben, sie dabei zusehen lassen, sich dann eine bessere Partie suchen, weil es das Gesetz für möglich hielt, wenn daher eine **Ehe keine Errungenschaft** mit einbezieht, wie in anderen Länder Sitte. Wie wenn er in einem Doppelleben, einerseits die Rolle des angepassten treuen Familienvaters spielt, und im anderen Leben mit einer anderen, sich selbst zu verwirklichen sucht. Seine zweite Rolle parallel zu spielen, immer für alle gleichzeitig zur Stelle, aber von dem, der in ihm drinnen lebt in alle Ferne entrückt.

Der Sohn dies schnell durchschaut, er selbst zum Vater und zur zurück gelassenen Mutter nicht die leiseste Achtung mehr empfand, weil der Junge wohl früh begriffen, dass es nie um ihn das Kind gegangen war. Seine **einzige grausame Illusion**, die er sich machte, mit einem guten jugendlichen Aussehen, ein nettes Mädchen für sich gewinnen, und sie in kurzer, aalglatter Manier aus der Schule raus zu locken, von der Familie darauf verstoßen, **sie einmal vor seinen Augen Dreck fressen zu sehen**, mit dem Wunsch, dass sie ihr Lebensideal, ihr Talent, und Aussehen ihrer Jugend in der Gosse verlor, schneller als er dabei den Verstand an Drogen aufgegeben hätte, und er sich mit seiner Trophäe als Gewinner sehen dürfte.

„Hallo, hübsches Mädchen, schau mir in die Augen, Kleines ! Ich bring dich jetzt zu meinen Freunden, du wirst sie alle schätzen mögen. Sie leben überall zu Land und zu Wasser. Sie geben sich der Liebe hin, oder den Drogen. Du wirst sehen, wie sie hier alle dran zu Grunde gehen. Man wird dir immer wieder mal die aktuelle Droge anbieten, aber du verstehst es ja auch „Nein" zu sagen, so wie deine Intelligenz einzuschätzen geht. Aber es wird ohne deine Familie eine steinige werden."

„Ich handle nur, wenn es nötig wird, mich mit anderen auf der Straße zu prügeln, aber eben das Straßenleben gebe ich für niemanden auf. Sie lassen in kritischer Situation deren Fäuste sprechen, sind auch andere für deren Gewalt vorbestraft wegen Körperverletzung, dann Mädel, hüte dich vor den amerikanischen Soldaten. Sie sind dieselben Kriminellen hinter einem Militärischen Anzug, der ihnen Obdach bietet und gute Bezahlung. Aber sie sind eben keine Freizeitkriminellen, die hier nur Urlaub machen. Sie bleiben der Ausschuss ihres Landes, der Freizeit mit Vergewaltigen verbringt, weil sie nicht dafür bestraft werden."

„Sie haben in anderen Ländern andere Sitten. Würde ein krimineller Typ, dessen Hunde mit Drogen in Kontakt kommen, sieht man einfach mit an, dass die Tiere selbst ihrer Natur abweichend alles Kleinere, Ältere, Schwächere attackieren, kontinuierlich und ohne zu zögern. Es sind Typen mit vermindertem Selbstbewusstsein, die so alte Menschen angreifen, um sich ihnen gegenüber einmal groß zu fühlen. So auch impft man den eigenen Kindern dasselbe ein, sich seine Rechte mit Gewalt zu verschaffen, ob aus reicher oder armer Herkunft, gilt nur das Gesetz des Stärkeren, und da trifft man oft auch auf die Trottel, denen man gar nichts zutraute, die aber auf Schwächere einschlagen. Dasselbe gilt auch für deine Schulkameraden, die dich in der Schule immer nur anstarren, aber nie mit dir Mädel gesprochen haben. Sie wuchsen in genau diesem Charakterzug auf, und du wusstest es nicht, bis du sie eines Abends mal spontan aufs Dorf nachhause begleitest. Der Vertraute wiederum zum Vergewaltiger wurde. Und hat es danach irgendwen interessiert, was du erzählst ? Nicht die Bohne, schwöre ich dir."

„Es sind die Misogyne, die wirst du auch später alle noch kennengelernt haben. Du erlebst sie erst im Berufslehrgang, wenn sie dich vor den Lehrern für gar nichts anschwärzen. Dann können sie auch einfach Muttersöhne vom Lande sein, die dir nur deine Intelligenz neiden, aber dir beim Verhungern genüsslich zu sehen würden. Du konntest sie vielleicht hart bestrafen. Aber alles, was du für derlei Milchgesichtigen dummen Kerle tust, sie erkennen dir rein gar nichts an, und kennen keinen Dank. Aber ihr eigener Erfolg bleibt ihnen wichtiger, selbst die Kinder von jenen, die sie in die Welt setzen, erziehen sie nicht selbst. Die Söhne von Müttern, die zeitlebens nie bei ihnen ausgezogen sind, die eigene Kinder nicht anerkennen, die selbst im Nachhinein im Ehebett der eigenen Eltern, die Verstorbenen damit verhöhnen, dass die Neue fürs Bett mit ihnen darin schlief. Sie werden nie die wahre Liebe können in ihrem Leben kennenlernen, weil sie es nicht gelernt haben, auf echten eigenen Füßen zu stehen. Die liegen lieber herum, und fragen sich, warum den Lümmel zwischen den Beinen überhaupt noch stehen zu sehen ? Die werden selbst als Väter derart von den Söhnen verachtet, weil für nicht überlebensfähig betrachtet, dass sie keinen Besuch von ihnen mehr erhalten, die Verachtung ist zu groß.
Solche Schwänze, erblicken bei dem noch so schlechten Job, die Aussicht aufs große Geld. Wenn der Betrüger in jedem Menschen weiß, die rechten Hebel anzusetzen, dann ist immer der bequemste, es in der Liebe zu versuchen, die Frau darin in Kenntnis zu setzen, würde sie nur auf die Idee kommen, ihn einmalig zu betrügen, wäre er tatsächlich der Erste, der sie betrügt, um nicht der Letzte gewesen zu sein, der auf den Partner reinfällt.“

„Auf Arbeitsstellen, gehen diese Pfauen ein und aus, die weiter unter ihnen bezahlte Angestellte mit hämischen, mitleidigen Lächeln begrüßen, aber sich den Kaffee bringen ließen. Die ihre Fickbeziehungen auf der Arbeit vorführen. Die sich selbst vom Händler den Frischfisch ins Büro liefern lassen und unter den Kollegen verteilen, wie der Fisch, der vom Kopf her stinkt. Sie mögen es, die Kritische Haltung anderer zu schüren, die doch nichts dagegen ausrichten können, außer sie werden gekündigt. Mobbing am Arbeitsplatz erfolgt durch Panikmomente und Drängen, durch Drohung und Belohnung, durch beharrliches Zureden und auffallend gute Manipulation.

Alpträume das Opfer dahin zu bringen, für einen dumme Fehler zu begehen, zu denen die Kollegen dann nur applaudierten, nur aus der Situation zu Dingen bereit zu sein, die im ruhigen Moment gar nicht in Frage kämen. Also durch das Versprechen einer gewaltigen Summe Geldes, den Menschen zu Taten zu verführen, wie eine Gehaltserhöhung, die nie stattfinden wird, die entweder des Betrügers Bereicherung sind, oder schlimmer noch des Täters Untergang, weil ihn die Gier in Schwierigkeiten bringt. Denn jeder Betrug wird auch irgendwann öffentlich, aber bis dahin war der Kick allein der Sinn und Zweck, der sich erfüllt. Ein Büro schließlich kann auch schließen und unter denselben Bedingungen mit anderen Menschen, die sie von oben treten von vorne beginnen. Es ist dann nur ein Austausch von Opfern, und ein Wechsel der Adressen."

„Also, liebes Mädel. Ich als dein erster Freund, die erste große Liebe, zeige dir wie es in der Kommune zugeht. Auch hier wird sich keiner einen feuchten Kericht darum sorgen, was dir heute und morgen wieder alles zugestoßen. Wir sind die kleine Einheit Wohngemeinschaft, die zeigt dir nur auf wie die große Gesellschaft in Wahrheit aufgestellt ist. Sie konkurrieren alle, und es sind die von rechts gegen die von links, und du mitten unter ihnen völlig allein. Die Großen fressen die Kleinen. Daran kannst auch du nichts ändern. Ich war vielleicht deine erste kleine Liebe, aber das vergeht, wenn du erst am ganz anderen Ende des Regenbogens dein eigenes Leben verbringst mit denen, die sich aufeinander verlassen können, und deine eigenen Kinder es nie erfahren, welchen Schlappschwanz ich in deinem ehemaligen Leben dargestellt habe."

„Menschen laufen weg. Du auch. Bis du merkst wovor du wegläufst. Das erledigt sich nicht im anderen Ort, sofern dass du dort nicht bessere Bedingungen für dich erschaffst. Je mehr du an einem Ort endlich für deine Grundrechte und Grundsätze einstehst, desto eher lernst du mit deinen inneren Kräften umzugehen. Das schaffen nur sehr wenige allein."

„Entweder fliehen Menschen vor den familiären Eindrücken, die sie hatten. Sie werden die Beziehungsunfähigen genannt. Oder sie fliehen schlechten Einflüssen einer Umgebung, um deren nackte Haut zu retten, und müssen dort sehr gut auf sich achten. Dann entfliehen welche der Arbeitslosigkeit und müssen unangenehme Konsequenzen daraus ziehen, selbst die eigenen Kinder leiden unter neuen Schulen, neuer Umgebung, neuen Bedingungen, zu denen sie gezwungen, und nicht einmal in der Gegend beruflich Fuß zu fassen, die sie ihre Heimat nannten, einfach weil sie dort ungewollt waren."

„Neuanfänge sind aber eben immer auch neue Chancen. Diese Menschen, die sich darin versuchen, die machen immer ihren Weg, denn keiner ist auf den Kopf gefallen. Das ist schon in Ordnung, den alten Kindheitsfreunden dann keinen Blick mehr zu gönnen, die ihnen damals auch in der Not die Arschkarte gezogen haben. Hätte man da schon die Flinte ins Korn geworfen, und sie hätten den Jungen Menschen vor Ort versaut. Wer sagen wir, sehr tief in der Scheiße sitzt, zieht nur üble Einflüsse an, einfach weil es der bequeme Weg ist lieber bei dem zu bleiben, was man kennt. Aber schon die Flucht immer wieder nach vorn, besagt schon, man muss egal bei jedem Neuanfang, Wohnungsumzug, Stadtleben, Beziehungsstatus, Jobwechsel, Idealvorstellung, Eifer, Selbstüberschätzung immer wieder an dem Punkt ankommen, an dem die Flucht einen wieder an denselben Punkt Null bringt, und es nicht mehr weiter geht, weil man sich weigert den Grund Flucht wahrzunehmen, sich mit seinem eigenen Leben zu konfrontieren."

„Darum kleine Freundin, wisse. Ich das erste Arschloch, das du kennen gelernt hattest, hatte dir dies vermittelt, das auf den Menschen im Ganzen kein Verlass ist. Und jeder kann im Leben alles erreichen, wenn er sich dafür anstrengt, aber es wird einem nichts einfach geschenkt !"

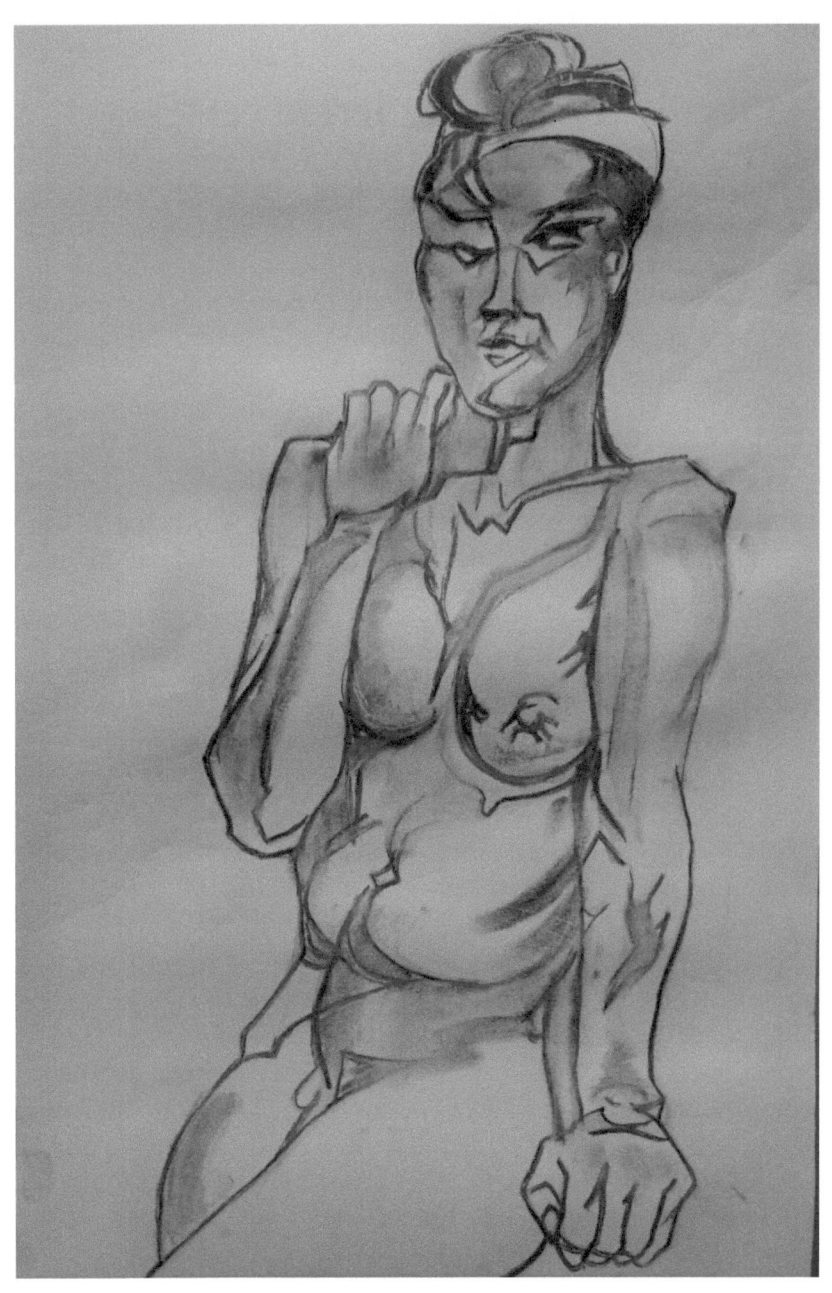

Kapitel Vier

ZU NEUEN UFERN - DIE TOCHTER

Ich lasse meinen Vater sein Leben ausmachen, wie er es für richtig hält. Er hat eh nicht mehr lange. So einen Abend einem alten Mann zu verweigern, wäre sträflich, kann es auch sein, dass ich in seinem Leben der Mensch war, an den er seinen Sadismus auslebte. Als alter Mann hat er heute nur noch ein klägliches Vermächtnis der Handvoll schäbiger Leute um ihn herum, die seine Nähe aushielten, weil sie selbst vom Leben nicht mehr halten als bis zur Nase im Gesicht. Ich weiß in etwa 10 Jahren wird es fast alle nicht mehr geben, die er seine Generation Mitwisser nennt, die zu einem Verbrecher hielten. Dann wird von der ganzen Familie, die ich kannte, niemand mehr übrig sein. Ich habe meinen inneren Frieden bereits wirklich gemacht. Sie werden nicht mehr als einen letzten hässlichen Gedanken fassen, und dann nicht mehr sein.

Es heißt, dass ein italienischer Künstler sein Gemälde gemalt habe und es für das schönste von allen gehalten habe ... Deshalb wollte er alle damit herausfordern, also platzierte er es an einem öffentlichen Ort und schrieb den folgenden Satz darüber:

((Wer einen Mangel sieht, auch einen ganz einfachen, soll ein rotes Schild darüber anbringen)).

Als er am Abend zurückkehrte, stellte er fest, dass es verzerrt war und hier und da rote Zeichen auf einen Mangel hinwiesen, so dass das Originalgemälde durch die roten Kreise völlig verdeckt war.
Er ging zu seinem Lehrer und beschloss, mit dem Zeichnen aufzuhören, weil seine Zeichnungen so schlecht waren. Der Lehrer sagte ihm, er solle einfach den Satz ändern, und er zeichnete das gleiche Gemälde und platzierte es an der gleichen Stelle, aber er malte Farben und einen Pinsel und schrieb darunter der folgende Satz:

((Wer einen Mangel sieht, auch einen sehr einfachen, sollte zur Feder und Feder greifen und ihn beheben.)) Bis zum Abend näherte sich niemand dem Gemälde, also verließ er es tagelang und niemand näherte sich ihm. Der Lehrer sagte zu ihm: - Sohn, hast du gesehen? Viele Menschen sehen den Fehler in allem ... aber die Reparierer sind selten …

Lieber Leser. Das ist der Zustand der Menschen in unserer heutigen Welt!! Unsere beschämende Realität ist, dass wir nur Fehler sehen, wir lieben es, dies und das zu kritisieren und herabzusetzen, aber niemand bietet Lösungen ... und das liegt an einem Mangel an Liebe. Wir lieben uns nicht und wünschen uns nichts Naja und Erfolg, also sei niemals einer von denen.. Möge Gott Ihre Zeit mit Glück segnen.

Als ob es nicht ein Fehler nach dem anderen wäre, den man sehen muss, als wäre unser menschliches Leben ein Gemälde, bei dem jeder seiner Fehler mit roter Farbe untermalt wird und dann plötzlich von der Wand fällt? Aber wer hielte es aus innerhalb dieser Vier Wände so ganz allein, und folgte diesem langen Gang durch alle seine Gänge, bis er es gefunden hat, sein Ich ? und wie hielt es heute überhaupt noch einer aus, dieses Ich in seinem Kopf oder Herz oder Brust als in Ruhe feststellbar als angenehmes Gefühl zu entsenden ?

Nun dieser seltsame Vater, und Mann. Ein üblicher Mann, dem man auf der Straße überall begegnet, will nur seinen Ruhm feiern, und plant, sich wieder eine Frau zurecht zu biegen, die ihn aus Unvorsichtigkeit in sein Leben lässt, ihr den Mund zu verbieten, sie zum Schweigen zu bringen, um hin dessen, nur den Vergnügungen nachzugehen, sich am Kind zu vergehen, und lässt sie dabei zusehen. Er hält sich für außergewöhnlich seine Frau in seinem Garten darben zu sehen, und kein Gras darin wächst, weil er jeden Menschen verdirbt, wo er sich niederlässt. Davon bereichert aber unbeeindruckt, was die Frau für ihn leistet. Sie blieb nur, weil sie auf ihr eigenes Leben davor unvorbereitet war Dasein in Armut und Einsamkeit nicht verkraftet, stattdessen in Abhängigkeit mit einem Mann lebt, der sie nicht liebt, es zerstört mit den Jahren Menschen psychisch und körperlich.

Der seltsame Mann hat also eine aufs Leben hin unerfahrene Frau gegen die letzte eingetauscht. Er macht ihr drei Statussymbole, drei Töchter. Eine darunter besitzt die musische Art seiner Eltern, hohe Intelligenz und sieht nicht schlecht aus. Er begegnet der eigenen Tochter, die sich gegen ihn aufrichtig wehrt, ihm die Arschkarte zeigt und auf und davon geht, um nie wieder zurück zu kehren, weil sie immer wusste, die eigentliche Gefahr dieses Leben zu bestehen, war ihrem Vater zu begegnen.

Sie geht ihren Weg, und es ist für sie in Ordnung, dass Menschen sich durchs Leben schlagen, als gelte es ums Überleben, weil sie ein Herz hat. Die vielen Geschichten, die sie erlebt, bewahrt sie immer bei sich, bis sie jemand erhört. Auch wollte ihr die eigene Familie ihre Lebensgeschichte wie ein Bündel geschriebener Romane direkt aus ihrem Herz raus reißen, doch erwähnte sie schweigend dazu keinen Kommentar, weil sie wusste, das herzlose Vorgehen ihrer Familie, die laut des Vaters Aussage behauptet, immer nur richtig gehandelt zu haben, erntet bald den Spott der Leute, die bestätigen, dass sich das umgekehrt verhält. Nicht dieser Vater unterzog sich einer steten Lebensprüfung, sondern die Tochter. Der Zahn der Zeit verlor die **Erinnerungen, die verblassten**, der Tochter ging es in ihrem Leben wieder gut, bis sich das Schicksal wandte, und es ging dem Vater in seinen letzten Jahren schlecht, als er sich der persönlichsten eigenen Prüfung unterziehen musste. Wer eines Tages an einen denkt, der sagt, dass er sehr müde ist, der es gern hört, dass ein Baum seine Ruhe verdient, liegen zu bleiben, wie ein Körper, den man beim Ableben nicht berührt. Damit ist gewiss, dieser Mensch hat oft an einen gedacht, wobei er dir sagt, dass er auch gern seine Ruhe genießt. Sollen sich Denkende Menschen so lange begegnen, wie sie sich zu einander hingezogen fühlen, auch wenn es Zeit braucht, dass jemand erkennt, der andere nur die Eier mit einem brät, der darum wüsste, dass es die Aussicht auf ein Brot dazu gibt. Solange gilt, es ist wertvoller, statt alles Geld und Besitzen müssen, dass sich ein Freund zu einem setzt und einfach zuhört.

Frau, die zur Mutter wird, hat es alleinstehen eben wie ein Pferd, dass ein
Rennen läuft, sie schuftet dafür und hält sich Kerle vom Leib, und erzieht
das Kind zum geraden Menschen, als gelte es einen Löwen großzuziehen.
Selbst wenn ihr das Kind außer Sicht geraten, von anderen angelangt wird,
steht sie dafür gerade, diese Kleinfamilie, die sie gegründet, auf Zähnen und
Klauen zu verteidigen. Es ist nicht rechtens, ihr Kind anzugreifen, um der
Mutter eins auszuwischen, weil sich manche für klug genug halten
gemeinsam gegen einsam vorzugehen, und solche auszugrenzen, um mit
ihnen gewaltsam zu verfahren, wie es auch deren Kinder gegen sie als
Aufgehetzte tun. Jede Alterserscheinung und Generation hat ihre Vorlieben,
sich kollektiv einen Sündenbock zu suchen. Die Frau, die allein erzieht,
kann auch aus der Balance kommen, wenn die Attacken zu dreist sind, weil
sich Leute nur noch wie Einäugige verhalten, von links gesehen tolerant,
von rechts gesehen die Frau für die Schlachtplatte offenhalten. Einfallslos,
weil sie darin keine Chancen hätten, deren Freundschaft zu erbetteln, denn
die Namen der Eintagsfliegen, bleiben ihr noch zwanzig Jahre lang im
Gedächtnis, und die Frau erkennt auch dann dieselben Leute, als welche, die
exakt noch dasselbe tun und alles stehen und liegen lassen wie zuvor.
Mann sollte Frauen niemals unterschätzen ! Es mag sein, sie fliehen
zeitlebens, um schlechten Einflüssen und Arbeitslosigkeit zu entkommen.
Aber sich die Hilflosigkeit vom Leib zu halten, bedeutet im eigenen
Rahmen stets die Ordnung beizubehalten, wer braucht es alleinstehend mit
Kind schon, eine Welt zu verbessern ? Würde jeder sein Wasser aus dem
eigenen Brunnen schöpfen, und von den Früchten genießen, die er selber
vor dem Haus hat, der hätte mehr davon.

Wer sagen wir, sehr tief in der Scheiße sitzt, zieht nur üble Einflüsse an,
einfach weil es der bequeme Weg ist lieber bei dem zu bleiben, was man
kennt. Nicht der andere hätte beizeiten dieselbe Einsicht zum Leben, wie
man selbst. Deshalb ist die Flucht nach vorn, mehr etwas, dem entgegen zu
gehen, den man in langen Jahren bereits als immer noch den kennt, der sich
nicht in sehr langer Zeit drehte und wendete, sondern einem lächelnd
entgegen sieht, und nicht mehr von anderen verlangt, als einen Kaffee,
aus der Hand einer Frau, die ihm wie eine Schwester entgegen blickt.

Jeder geht diese Risiken im Leben ein, in seinen Phasen, anderen von wichtigen Dingen zu reden, die nur ihn selbst betreffen, aber ohne vorher zu fragen, wer sich dafür interessiert ? Ich hatte vielleicht mit Brüdern als Kind in derselben Wanne gesessen, aber man kann mir nicht weiß machen, dass ich dies auch jederzeit und mit jedem in aller Öffentlichkeit täte. Aus einer Frau macht man auch nicht schnell mal einen Fuchs mit langem Schwanz, den sie allen herum zeigte.

Aber schon die Flucht immer wieder nach vorn, besagt schon, man muss egal bei jedem Neuanfang, Wohnungsumzug, Stadtleben, Beziehungsstatus, Jobwechsel, Idealvorstellung, Eifer, Selbstüberschätzung immer wieder an dem Punkt ankommen, an dem die Flucht einen wieder an denselben Punkt Null bringt, sich zu konfrontieren. Man ordnet die Dinge des Lebens wie die Bäume im eigenen Garten, damit keiner an den Punkt gerät, wo es nicht mehr weiter geht. Noch nicht jeder Passant hätte je für die Allgemeinheit, die Wahrheit bereit gehalten, nach der alle, die ihm begegnen sich zu richten hätten.

Welcher Frau wäre es geglückt, der Liebe zu Freiheit und Neubeginn zuliebe, sein Land zu verlassen ? Die Liebe ernährt sie nicht. Die Freiheit wird dort auch genauso wenig zum Lebensinhalt vieler, jedenfalls nicht auf dem Tablett präsentiert. Die Liebe beweist ihre Treue. Die Fremde wirkt kalt und wenig einladend, die eigenen Bezüge zum Alten, das man kannte lösen sich in nichts auf, und werden durch nichts neues ersetzt. Aber wer schon als leer irgendwo landet, der wird dem Leben keine neuen Farben schenken. Solange man sich dessen nicht bewusst ist. Daher ist die Isolation im Ausland voraus bestimmt für welche, die die Offenheit zu allen Menschen oder die Universelle Liebe nicht verstehen auch zu leben.

Frau alleine, wird nicht mit ihren Kindern voran kommen, wenn sie sich von vorn herein als das Opfer sieht, dass für viele im Graben liegt. Sie würde sich beugen und unterordnen, bis ihr der Saft ausgeht, und sie zur Beute wird. Daraus wächst kein Heldenepos. Noch keine allein erziehende Frau wurde je von fremden Kerlen, mit dem Zuckerbrot in einer Beziehung darin aufgehoben, ihr totale Sympathie zu geben, vertrauensvoll und ohne Bedingungen, aufrichtig und ein Leben lang treu, ergeben, ihr den Himmel runter zu versprechen, Berge zu erschaffen, und ihr das Paradies oben drauf.

In ihrem wirklichen Leben schleppen sie das Kind mit zum Klauen in Supermärkte mit viel Geschick. Mit der Lebensphilosophie „Nimm dir und es wird dir gegeben, was dir zusteht !" das ist wie die Dummheit solange Burger zu fressen, bis die Westliche Route 66 und dein Tagtraum in dir von allein erwacht. Aber es ist wie mit allen Süchten, die nur solange Glück verheißen, bis der Körper darunter zusammen bricht. Das ist mit jeder Sucht vergleichbar, Konsumgüter, Geld, Drogen, Alkohol, Zucker und Fettsucht, Nikotin, Sexsucht. Frauen, die sich lange ungeliebt fühlen, werden nun mal auch gezielt benutzt, das verstärkt ihr Unwohlsein und das Gefühl zu scheitern, darum die Sucht in manch ausgelebter Form, die Sehnsüchte doch noch zu befriedigen, und der Gesellschaft allein die Schuld zu zuschieben. Menschen nur dann in Kenntnis zu setzen, wenn sie sich dem Mobb opfern, weil diese unstillbare Gier wie von Söhnen, die ewig an der Brust hängen bleiben und ihr Umwerben nie ein Ende findet.
Der Abstieg vollzieht sich in Jahrzehnten, und ihr Frust wächst, sich immer wieder die gleichen verkehrten Prinzen anzulachen. Sie werden von Freunden hingehalten, verarscht und in Not fallen gelassen. In einer bestimmten Szene gelten die offenen Menschen immer als die Dummen. In anderen Gegenden wiederum gelten die intelligenten Menschen immer als die, über die sich Späße machen und ihre Witze reißen. Es ist die jeweilige Mentalität der Kultur, in der man lebt. Die Opfer werden manipuliert, als gelte es mit ihnen allen gemeinsam morgens aufzustehen, den Namen der jeweiligen Partner voraus gehender Nächte zu vergessen, dann nachdem sich Einfältige und Naive haben feiern lassen, darf jeder mit ihnen abends auch wieder mit ins Bett, und morgens ernährt sich das Eichhörnchen, bis alle in Lästerei lustvoll vom selben Spiel an ihr naschen.

Wo bitte, spielt den die Musik bei alleinstehenden Frauen, wenn nicht stetig immer in Musikclubs, in Discothek, Billardraum, Tanzfesten, Bierzelten, Musikauftritten, Freizeit Vergnügen, aber doch nicht um sich zu „lieben" !

Auf der Flucht in ruhigen Tönen in deren Fallen gelenkt. Wie im Handel das exakt zugeschnittene Haus, sie soll sich nicht mit Zahlen auskennen, aber die Häuser wechseln, bis ihr der Anblick eines einfachen Bauernhofs als derart simpel erschien, da sie sich dort nur an Ort und Stelle, dem Misthaufen wieder findet, der ihr Leben ist.

Immobilienhändler drehen dir auch alles an, nach kurzer Zeit, auch gegen den Willen. Genauso errät sich bei jedem Menschen leicht, wo jeder hin abdriftet, weil seine innere Vorsicht nichts mehr gilt. Jeder ist manipulierbar, und sagte er nur einen Satz zu einem Fremden, der ihn zwar irgendwie an schielt, aber sein Blick sich nur in einem spiegelt, also man in sein eigenen Bild hinein spricht, und man die Antworten hört, die man hören will.

Arme Mädels. Sie arbeiten in Bars, und werden vom Lohn mäßig und nicht ausgezahlt, aber diskriminiert. Es ist Sexismus und es der Welt zu zeigen, endlich der Herr im Stall zu sein, wenn man auf der Haben Seite steht, und seine Angestellten ausbeuten kann. Die Geber Seite sind immer die Dummen, die alles fürs Geld tun müssen, die sie am Boden liegend noch mobben, und da noch für all das, was sie für einen Dreckslohn tun, den Vorwurf nach gebrüllt bekommen, fahrlässig zu handeln. Im Gastgewerbe ist dieser sexistische und ausbeuterische Ansatz Gang und Gebe. Dadurch bleiben die Leute hörig und gefügig, und wer keine andere Aussicht hat, und wer darin abstumpft, ohne Bildung, beißt in den sauren Apfel und lässt sich benutzen am Ende auch ohne Lohn. Es ist wie mit treuen Hunden, die alles für ihre Halter tun, solange dessen Hand sie füttert.

Aber eine Frau ist kein Hund ! Genau das zu erfahren, was die eigene Tochter zeitlebens durchlitten, seien kurzerhand gesagt, den Körper sich biegen, erschlaffen zu sehen, dann sich mit Alkohol zu verkrümmen, und auszuspeien, müde zu werden und doch immer weiter zu laufen, bis ans Ende eines Seils, das hoffentlich eines Tages zu entdecken geht. Der Vater wird eine ewige Zeit immer diesem Seil folgen müssen, dass sich eines Tages auch noch entzweit in beide Richtungen und auch noch schnurgerade aus weiter geht. Dann sitzt er in dieser Wüste der Erkenntnis endlich nieder. Die Welt der Einsamkeit in seiner Verwirrung nicht mehr verstehen.

Dann werden ihm all die Situationen zuteil, in welchen er Lebewesen gequält und getötet hat, Leute dabei zusehen mussten, ihm der Kick von Macht zu verleihen. Lange schon vor ihm werden alle verbliebenen Verwandten gestorben sein. Die Liebenden, an Gehässigkeit sich trennten, sich an seiner Lüge satt aßen, aber ihre Seele für ihn aufgeben mussten. Der unbestellte Garten um sein kleines Haus, dass immer einem einfachen Schuhkarton glich, dessen Eingang aus dicken Glasbausteinen bestand, die niemandem Ahnung verliehen haben, was sich hinter diesen vier Wänden verbirgt. Er glaubte die letzte Cola in der Wüste für die Frau zu sein, die ihm bis heute blieb, doch sie ging schon fremd, und sagte es ihm ins Gesicht, dass sie einen anderen seit der Kindheit liebt. Die paar Illusionen, die ihm in letzter Zeit übrig blieben, waren eine Handvoll Menschen, die sich mit seiner Lebenslüge zu Harmlosen verbanden, die keine Widerworte bilden, einfach um ihn herum die Leiber liegen, denen der aller letzte Glaube an sich und die Welt um sie verloren ging. Er konnte keinen Berg mehr aufsteigen, der Schmerz in seinen Knochen steckte. Noch weniger erinnerte er ein Berufsleben, das anderen nutzte. Sein Blick lag immer auf den Fersen seiner Tochter, die er Tage und Nächtelang wie ein Blut dürstender Wolf durch die Wege jagte, und seinen Geruch versuchte ihr anzuhängen, dass sie dessen Verfolgung nie vergessen sollte. Genau an dem Punkt endet ein seltsamer Mann, der nicht anders kann, als in Einsamkeit und Demenz zu enden, hilfloses Bündel ungeschehener Entschuldigungen, oder die Narben im Leben anderer hinterlassend, bis zuletzt zu keiner Reue fähig. Hätte es Not getan, dass seine Opfer zu ihm zurückkehrten, ihm die Faust zu geben ? Nicht im geringsten, man immer weiß, an welchem Niveau man sich im Gegensatz dazu nicht die Finger schmutzig machen würde.

Die einzige Konsequenz, die sie daraus zieht, war lange Zeit, dass sie keinen Partner in ihr Leben ließ, bis ihr aufging, dass es sich so auch viel besser leben ließ. Würde sich ihr jemals ein Mann annähern, müsste er ihr wie ein Bruder sein, und sie ihm wie eine Schwester, und seine Schwester die heiratet man nicht. Ein Mann, der ihr begegnen würde. Die Frau der Träume schlägt ihm vor, sich eine wirklich junge Frau zu suchen, die ihm warm und voller Verlangen begegnet, dass sie sich mit ihm bis zum Mond und wieder zurück liebten. Sie würde ihren inneren Widerstand nicht mehr spüren.

Wenn ihr gewahr ist, dass sie eine gemeinsame Zukunft hätten, und akzeptiert zu werden, das als bahnbrechend zu erfahren, je stärker sie ihr Leben lang alles ablehnte. Ihr Prinz wird kein Bruder mehr zu ihr sein, der sich nur mit ihr stritte. Sie hat weit mehr erlebt, schon weil sie die Ältere sei, drum weiß sie, was ihr gut tut. Er weiß, ein Mann ist hin und her gerissen, zwischen der Welt seiner Freunde, die er liebt, und sich für eine Frau zu entscheiden, denn er ist ein frei fliegender Vogel, der im Wind umher streift. Wie soll er bei einer Frau bleiben? Wird sie erkennen, dass er ein Guter ist, der unter der Beziehung zu seiner Frau, die Pflege seines Gartens versteht, in dem sie unter seiner Aufmerksamkeit als Schmetterling lebt? Sie wird das verstehen. Die Frau ist eine Gute. Sie kann sein Herz nicht zerreißen, doch noch wohnt sie in einer fernen Welt, die sie ihm geschildert, und war da immer schon allein. Sie kennt sich mit Sonnenuntergängen aus. Es ist gesagt, ein Mensch, der reich lebt, hält sich fest an der Moral, und ein Mensch, der ohne Reichtum lebt, weiß sich zu gedulden. Sie verstand, es war ihr nicht wichtig, dass es noch keinen gab, der ihr sagte, dass er sie liebte, sondern sie widerstand, weil es immer Leute gab, die ihr sagten, dass sie die Liebe nicht verdiente.

Doch sie hat gelernt, dass auch der Mann ihres Herzens, ein freier Vogel sein muss, der sie lehrt, Einsamkeit ist nur ein Gefühl, vor dem sie sich nicht fürchten muss. Er entscheidet, sie einfach aufzusuchen. Sie beschließt ihn willkommen zu heißen. Er wird wieder glücklich heimkehren. Sie wird warten, ob er wieder zurück zu ihr reisen wird. Sie war nie geflohen, ohne dass sie dazu sich gezwungen fühlte, aber es war ihr wie ein steter Lauf durchs kalte Wasser vorgekommen, selbst mit ihrem Kind, als war ihr Leben jeder einzelne Tag eine Prüfung gewesen. Sie hatte erkannt, was ein Erbe ihres Vaters war, das er ihr mit ins Leben gegeben hat „Auf dem Weg das zu bekommen, was du liebst, musst du erst alles einstecken, was dir begegnet, was du hasst!" Trifft sie einen ersten großen Vogel, der ihr nicht von oben auf die Schulter kackt, und der ihr ein Partner würde, solange wird es dauern, erst diejenigen von sich auf Abstand zu halten, auf die sie sich nicht verlassen kann.

Sie sagt ihrem Auserwählten erst die Worte, nachdem sie sich mit ihm gestritten hat, und nicht davor : „Du bist mir hier begegnet, und warst in der Komik der Situation für mich ein erster Lebensretter ! Deine Art der Formulierung hat mir endlich dargestellt, dass ein Mann auch ein Denkender ist, der zaubern kann. Deine Arbeit mit oder an Menschen, hat in meinem Beispiel die Aussage bekräftigt, dass Alleinleben möglich ist, allein schon um sein Leben zu begreifen, was anders nicht machbar ist. Ich fühle mich endlich als normaler Teil der Gesellschaft, ohne dafür verurteilt zu werden, weil Menschen im Durchschnitt Neider sind. Ich wäre aus Stolz deswegen oftmals an meinen Wasserfällen Tränen und Trauer Momenten zerbrochen, das dauerte für mich als eine Phase von 40 Jahren. Und es ist genau wie du es sagst, das Lachen, es begleitet eigentlich das ganze Leben. Es besänftigt je mehr du vom Menschsein lernst. Ich falle, seit ich dich kenne, bei einem Lachen nicht mehr in die Leere, in welcher die Menschen um mich alle nur als ein Wasser zu sehen sind, die miteinander verschwimmen, sondern sehe mehr denn je, dass zwischen allen Menschen das Licht durchscheint. Sei dir dessen gewahr, was ich dir hiermit zu verdanken hab ! Du bist nicht der Droge Leben erlegen. Ich kenne endlich den Sinn vom Fliegen !“

Die Kunst des Lebens hat einen Titel... Heben Sie nichts für später auf. Später wird der Kaffee kalt. Später verliert man das Interesse. Später wird der Tag zur Nacht. Später werden die Menschen erwachsen. Und später vergeht das Leben...Und dann bereut man es, etwas nicht getan zu haben. Wenn du die Chance bekommst. Keine Kritiker mehr, keine Moral mehr, keine Egoisten mehr, die für alle eine Bedeutung haben ! Ich weiß, die Art und Weise wie Menschen auf der Flucht in Waggons gesperrt um Hilfe suchen, kein Wasser kriegen keine Luft atmen, zu lange drinnen verbringen, sie lassen Familien darin verrecken ! Selbst die Politik nutzt den Flüchtling seinen Druck auf andere zu erhöhen, wir besteigen heutzutage keine Züge, die Menschen in Lager verfrachten, es geht zu Land, zu Wasser, in der Luft !

Die Menschlichkeit ist heute einen Dreck wert !

Eine Frage, an einen Aussteiger !

Juchuhh, in welchen gerade bunt zusammengewürfelten
Menschengruppen bist du den jetzt unterwegs ?
Hat es Sinn zu fragen, oder hat dich letzte Zeit jemand geärgert ?
Von welcher Erfahrung kannst du erzählen, wenn einer eine Reise tut..... ?
Welche Sprachen hattest du in letzter Zeit beigewohnt ?
Kannst du dir den Tabak leisten, den Schnaps du gern genießt ?
Werden wir uns dieses Jahr noch wiedersehen ?
Wenn die Arschloch Quote fremder Menschen genauso hoch ist,
wie bei den deutschen Nachbarn,
wie gehst du damit um, ich schätze, du ziehst um.
Werden dir im schönen Sommer die Nächte trotzdem lang ?
Wo jetzt die kalten Tage sich mit warmen das ganze Jahr schon abwechseln,
liebst du es trotzdem draußen zu baden ?
Du bist ja anhand all deiner Fertigkeiten, ein Profi im Überleben,
schade, dass mir das nicht wie bei dir gegeben.
Ich würde selbst schon immer gern auch als Frau mal Nordafrika besuchen.
Ist aber für unerfahrene Männer, wie bekannt, selbst gefährlich.
So reise ich eben wie immer schon im Leben in meiner Fantasie.
Darin ist noch viel Platz für Reisen, und werde nie endlich erwachsen,
weil ich auf die Erwachsenen sch.....

Blicke seitwärts
verkleidete Herrschsucht
um zu Großem zu schreiten

Im Bekleiden Ambition
die Worten
religiöse Achtung schenkt

Menschenfreund sein
Handel mit Menschsein
und was Freundschaft bleibt ein Handel

Bauchnabelpolitik
kompensiert Liebloses
Gewinn Eigenliebe

Mutterinstinkt
Muttertier bedient
andere zu unterwerfen

Vom Leid vielleicht befreit
Vorhersage des Unglücks
eigenen Lebens

Kein Boden
Erfinden der Eigenliebe
Vertrauen anzuziehen

Großer Verstand
nur ein edles Profil
um an Lob zu gelangen

Eisenherz steht Schmeichelei
in Folge
im Umlauf zur Eitelkeit

Allzeit zu Gewalt bereit
Tugend sich verliert
wie Flüsse im Meer

Immer hoch hinaus
die Laster zu ehren
ihr Gift wirkt heilsam

Die Stiege zum See
der Berg am Ende
Augen, die gehorchen

Schalten, vierter Gang,
trunken in die Liebe
vom Fieber gesunden.

Wahrlich ein Entzug
stellt sich Dunkelheit raus
was die Liebe war !

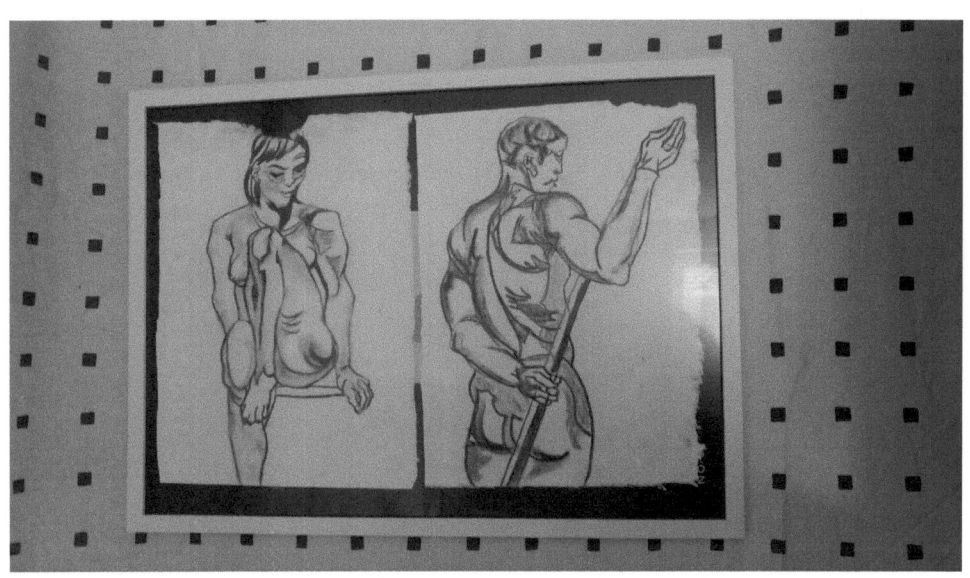

Aufn Nachmittag saufen,
während andere Menschen arbeiten gehen,
gehst dann in der Früh zu Bett,
dann kann es wieder von vorne angehen,
haben sie im Westen den Stock im Arsch,
des kleinen Mannes Sonnenschein,
sind Ficken und Besoffensein, lebensbejahend in Epidemien,
Alkohol du böser Geist, hast mein Papa in den Abgrund geschmeißt,
jetzt willst du mich, fort mit dich !
Kann es denn veganes Würstchen sein ?
Geh mal drüben auf der anderen Wiese fragen.
Da könnt' noch mehr von sone Opfer wie dich sein,
ett kütt wie es kütt, Glück auf, du Wurst !
Jetzt ist uns doch gerade das Fleisch ausgegangen.
Und auf veganem Braten ein Schnitzel vorher drauf klopfen.
Ein Witz als "Hau den Lukas" nicht gewollt,
man kann ihn auch mit "Streicheln" in den Tod jagen.
Wer wenig Witz verträgt, gibt ungern zu,
dass jeder einmal schon den anderen nicht mochte,
dass er groß drin aufging, den anderen zu mobben,
dass Kritik an allem der gewohnte Weg, es den anderen zu versauen,
das Meckern an sich wie die Bakterienkultur im Sauerkraut Gebraten,
dass man nur solange andere immer angepflaumt,
weil es einem nur selbst damit besser gehen muss,
dass jeder versteht, darin versteht sich der Mensch gut,
weil das Leid anderer einem gut tut,
wer austeilt, der spürt sich noch, der lebt,
und das Menschliche nur für einen selbst bestimmt,
also wer was will, was auch immer, kann einen selbst mal vorüber ziehen.

Der Wolf sitzt auf dem Boden
und nimmt das Licht wahr.
Der Hund kommt zur Seite
als seine Mutter
und entschuldigt sich.
Der Hund fragt den Wolf:
„Wer bist du?"
Der Wolf antwortet:
„Ich bin der Freund des Löwen!"

– Heike Thieme –

Der Wolf sitzt auf dem Boden und nimmt das Licht wahr. Der Hund kommt zur Seite und seine Mutter entschuldigt sich. Der Hund fragt den Wolf: „Wer bist du?" Der Wolf antwortet: „Ich bin der Freund des Löwen!"

…. sag das mal einem Globetrotter, mit drei gelernten Berufen, der aber den Weg der Obdachlosigkeit gezielt ausgesucht hat ! Sei immer vorsichtig mit der lockenden Ferne. In Afrika zu reisen, hieße alleinstehend, nicht nur überfallen zu werden mit Brutalität, sondern auch dem nicht ungefährlichen Getier seine Bekanntschaft zu machen und in weitflächiger Flur, oft in der Not ohne Wasser da zustehen, diese drei Dinge im Süden sind lebensgefährlich, was eintrifft, wenn keine Nothilfe im Zufall eintrifft.

Im Norden Wildnis hält man aus romantischer Sicht immer für die Abenteuer Variante, die man auch unterschätzt, weil Wildnis Aufenthalte eben mit denselben Risiken verbunden ist, zu denen man sich meist vorher selbst überschätzt, weil man es ja immer als Held "alleine" stemmen will. Ich sage dir, selbst in der Kalifornischen Wüste, in Arizona selbst, gehen Leute als Flüchtling vor die Hunde, davon also stolz zu erzählen, was man draußen im Freien alles tolles erlebt hat, ist ein bisschen obermäßig eitel finde ich, man kann ja gleich mit dem Mountainbike neben den Flüchtlingen mit der Flasche Wasser unterm Arm Beifall klatschen und allen hinterher erzählen, was man nicht alles kann ! Warum dann nicht auch noch als Trecker mit dem Fahrrad eben mal Irak, Tibet oder Äthiopien, oder Afghanistan und zurück, dabei auf dem Weg sich von allen Einheimischen durch füttern lassen, sich in deren Häuser quetschen und als Held fühlen, und an den Trossen der Flüchtlinge überall auf der Welt gut gelaunt vielleicht auch noch fotografiert, sich vorbei drückend und in jeder dümmlichen Lage, in die man sich manövriert als zahlender Tourist heraus helfen lassend ?

Es kommt nicht immer auf die Ferne an, sondern auch, wie weit man gelernt hat, sich selbst in der Stille zu erfahren, und den Schock dieser Selbsterkenntnis auszuhalten, ohne dies zu bewerten.

Mach dir deinen Spaß, ich will es dir nicht vermiesen. Ich hatte nur meinen
Onkel Ernst, den aus Berlin, er reiste früher alleene überall in die Welt.
Und erzählte mir schlimme Dinge von Afrika. Klar, dass der auch mit dieser
Zivilisation nie einverstanden war, aber mehr aus dem Aspekt, dass
Ureinwohner und Tierwelt aussterben.

Er wohnt schon lange an der Seite seiner Schwester in der Wahlheimat
Kopenhagen. Die können nicht mal mehr die Deutschen leiden. Drum sage
ich ja, ich hatte die Familie von allen Seiten weltweit, Nord Süd Ost und
West kennengelernt, aber ich einzelne, die alles hat durchmachen müssen,
war nicht bei einer dieser verwandten Familien als Mensch gern gesehen,
oder willkommen, oder hätte Anspruch erheben können, Hilfe von denen zu
erwarten. Deshalb sind mir auch, vielleicht wie dir, die Menschen aus der
Ferne immer die Lieberen.
Lieben Gruß, und pass sehr gut auf dich auf,
ich will dich gerne und ganz am Stück mal wieder sehen !

Das geht mir auch so. Aber ich schätze auch die Ureinwohner, die
heutzutage noch wie in der Steinzeit auch in Höhlen, Afrika 's wohnen, hoch
in ihrem Wissen ein.Sie wissen tatsächlich alles über uns Menschen alles.
Und deshalb, wenn ich bestimmte persönliche Reifegrade durchschreite,
träume ich von diesen Menschen,die mich für meine Einsichtigkeit loben,
die Frauen des hohen Rats. Sie sind einfach überall anwesend, nur nicht
viele registrieren sie heute noch. Die Menschen verringern ihre
Gehirnmasse, sie verändern ihre körperliche Konstitution mit den
Umweltgiften, sie verschätzen die Realität als solche, die sie ist. Solange
hängen sie in einer Traumblase, die sie bei Gefahr garantiert aus keiner
Situation heraus rettet, aber das wissen sie nicht. Ich lass mich daher in
keine Mulchige Kirche mehr schleppen, auf solche Versprecher und
Verführung bin ich einfach nicht mehr ansprechbar. Es hatte immer schon
einen schalen bis unangenehmen Beigeschmack gerade mit solchen zu tun
zu kriegen, Nein DANKE !

Die Eingeborenen leben ihre Gedanken
und die „Zivilisierten" versuchen,
ihre großen Geheimnisse zu ergründen,
um daraus Profit zu schlagen.
Es muss immer das große Mysterium
und die große Komplikation bleiben,
sonst muss unsere gesamte Wissenschaft
und Technologie ein Schwindel sein,
wenn man wirklich ohne sie leben kann ...
wie alle Fakten und Zahlen
zum Datum zu haben,
sonst wäre es nicht
„die ultimative Übereinstimmung",
aber diese produzierte Masse an
technologisch geprägtem Wortchaos
wird sie nicht weiterbringen.
Das ist nur die Idee davon.
Aber eine einzige scheinbare Idee,
die nicht konkret ist,
ist am Ende des Tages völliger Reinfall.

75

Kapitel Fünf

DIE TOCHTER GEWINNT IHREN KAMPF !

Ich befinde mich hier in einer ganz neuen Welt
und ich finde, dass sie mir ganz gut gefällt
nur in heutigen Zeiten erscheint eine Ausbeutung
in ganz neuer Qualität, geliebter Mann
ohne dich ist die ganze Welt nur noch schwarz und weiß
weil deine Augen, wenn du gehst, die Farben mitnehmen
wie ich hier weile, mich durch kämpfe ohne dich
und ohne dein Lachen, die Sonne nicht für mich scheint
den auf den Mond zu schicken, der mich alt aussehen ließ
der sich für toll hielt, mich aber zu dem Kerl werden ließ
zu lachen, schreien, mich zu befreien
und das schon die ganze Zeit, die ich hier bin
und der Wind zum Sturm auszubrechen droht
ohne dich fehlt jedem Kampf, den ich kämpfe, der Grund
es ist alles wahr, was ich erzähl also bitt' ich dich, mit allem, was ich hab'
und auch was mir etwas bedeutet
für immer
komme wieder !

Damit die Leute sagen, Erfolg ist weder magisch noch mysteriös. Erfolg ist
die natürliche Folge der konsequenten Anwendung der grundlegenden
Grundlagen, dies sind die Gründe, warum jeder im Leben erpresst werden
kann. Nichts hindert uns so sehr daran, natürlich zu sein, als der Wunsch, so
zu erscheinen, das ist der Mangel an Fürsorge der Menschen für sich selbst.
Lass die Sonne in deinem Leben nicht untergehen ! Sexuelle Hingabe,
respektvolle Intimität, freundliche Loyalität, jede Verwandtschaft, aber
unterm Strich bereist der Mann die Welt auf der Suche nach dem, was er
braucht, und kehrt nach Hause zurück, um es zu finden. Ich war der
imaginäre Freund von nebenan. Wenn Wissen Probleme schaffen kann,
können wir sie nicht durch Unwissenheit lösen.

Ein paar Löffel – Süppchen !

2 Eier, geschlagen
2 Tassen Milch
2 Tassen gewürzte Croutons
Kartoffeln in Scheiben
Thunfisch
8 Unzen zerkleinerter Cheddar-Käse
1 Esslöffel getrocknete gehackte Zwiebel
1 Esslöffel getrocknete Petersilie
1 Pfund frisches Krabbenfleisch
Salz und Pfeffer nach Geschmack
¼ Tasse geriebener Parmesankäse

Stellen Sie sich vor, der Sanitäter hätte nur eine einzige Tat, die Mörder und Soldaten von den Feldern zu reparieren, und sie halten die einfachen Leute davon ab, ein Krankenhaus zu betreten, und lassen sie sterben.

Man der Frau sagt: „Wir hatten eine wundervolle gemeinsame Zeit", aber in Wirklichkeit brauchten sie Frau als Mutter Ersatz, die Sexismus und Rassismus gehorcht, blieb regungslos, während der Ehemann die Arbeit verrichtet, wie ein Vogel in ihrer Rolle als Vogelbeobachterin für die Kinder und zieht nie aus ihrem Käfig aus, ohne Meinung, ohne Kritik, überhaupt nicht arbeitend, ohne Stimme, ohne Stimmrecht, aber der Mann ist ihr geblieben, bis sie unverstanden und tot zurück fällt.

Sie werden bald alle Frauen ohne Recht zurücklassen, im Dreck. „Gib den Menschen eine zweite Chance!" an.

Das Gleiche gilt für den Verlust meines Babys durch Denunziation, den Film zu ertragen und den Rest des Lebens mitanzusehen, ob dieses kleine Baby seine Chance bei der zweiten Familie findet. Ich stehe nur außen herum, aber ich spüre es in meinem Bauch als Erinnerung, was Frauen alles widerfuhr und dem Kind, um uns Gewalt anzutun. Doch muss eine Frau niemals anhalten, nicht wegsehen, nicht um jeden Preis "erwachsen" werden, sie darf Gewalt nicht verbergen, die sie sieht, sie muss die Menschlichkeit in ihrem Leben verteidigen, weil es in Zeiten wie diesen, davon sichtbar immer weniger gibt.

Es ist besser, wie „One for One" zu stehen, als nur rumzuhängen. Es weckte eine Erinnerung: nicht gerade meine Geschichte, aber es ließ mich an Margaret Atwoods „The Handmaid's Tale" denken, wenn Sie es sich anschauen wollen, an ein zukünftiges USA, in dem die christliche Gesellschaft Frauen gerade zum gebären von Kindern degradiert hat. Der Verlust eines Babys, von dem ich wusste. Aber ich spüre es tief in meinem Inneren, als erinnere ich mich daran, wie es sich für ein Vermissen anfühlt, der gerade Denunzierte zu sein. Das mit uns beiden ist das in Ordnung, du hast das Gespür in diesem Fall zu vermitteln, ist nicht leicht. Nach Misshandlungen geben sie dir das Kind wieder, um die Scherben zu kitten. Wenn du jetzt mit all den vielen Pizzas, die du serviert hast, gesehen hättest, mich rollen zu sehen unter dem Vollmond, wir haben jetzt Vollmond, würde der Sturm sie nackt liegen lassen, wenn das Dach wegfliegt ! Sie zittert jetzt. Wie sie es auch tun sollte, wenn man bedenkt, dass wir beide solche Schmerzen erlitten haben, ist das sicherlich ihre Konsequenz, aber der anderen Gefühle interessieren mich nicht. Das hat mir in meinem Kopf ein Bild von dem wegfliegenden Dach gegeben und sie liegen lassend ! Lass sie endlich in Frieden leben, die ihren Frieden brauchen !

Ein kleiner Ritter, der sichtbar war, Sie nahm ihr Kleid, eilte am Regenbogen entlang, machte sich auf den Weg in die Berge, Zufriedenheit gefunden. Sie hat sich nie zurückgehalten, endlich alles verschenkt, fühlte, was genommen wurde, beruhigt, geduldig, den Funken gefunden, wurde nicht weniger gehasst, sah ihren Finger auf jeden, der in der Nachbarschaft herumlungerte. Ich wünsche ihnen heute alles Gute, dem, der gelernt hat, sich zu benehmen, er wird auf der Überholspur langsamer, verlangsame seinen Geist. Seien Sie geduldig beim Warten, und lerne zu fliegen!

Ein kleiner Ritter der sich zusehends Beschleunigte,
unglaublich von einer zur anderen Stätte, auf dem Regenbogen dahin eilte,
um den Schatz am Ende zu bergen, der ihm nie Befriedigung schuf,
schließlich gab er alles weg, nicht dass er mehr spürte, was ihm genommen,
und wurde nicht weniger gehasst, nur weil er auf alle mit dem Finger
deutete, er gab sich dem Leben hin, ihnen allen Alles Gute wünschend,
und nahm ihre Leiden auf sich, entschleunigt auf der Überholspur,
achtete er nie seinen Verstand zu verlangsamen,
beim Tun hinsehen, beim Bewegen bewusst werden,
beim Warten sich gedulden, beim Lesen Tipps annehmen,
denn es folgte der Tag, an dem er erleuchtet wurde !

Man nennt die Sorte Nachbarn Arsch, der selbst aus der Fremde kommt, keinen zu sich einlädt, behinderte Nachkommen vorzeigen, als ein bisschen „daneben". Die Kinder selbst in Betreuung posaunen, sie ein erstes Mal Sex haben mit ihm in der Behinderteneinrichtung, sie hätten „hier" Familie, damit ist die Familie des Freundes genannt, als „Schwiegereltern" und die Familie der Mutter hätte es so eigentlich nie gegeben. Die Tätowierungen pflastern gern den gesamten Körper. Die Herkunft wird nicht verraten, es soll den geheimen „Luxus" beibehalten. Egal jetzt, wer es anders erfuhr, gemästet das Haus zu verlassen und zu betreten, weiß auch, warum jeder irgendwann im Normalfall das Elternhaus verlässt, in Friede oder unter Gewaltanwendung. Die Absicht liegt darin, einem Teil der Familie beizubringen, als sei deren Teilhabe an der Gesellschaft nicht mehr existent, Eine silberne Feuerzeug Hülle entwendet, den Geschwistern ausgehändigt mit der Auflage, von nun an auf das Silber zu blicken, dessen Besitzer nicht mehr als Wert der Familie zu betrachten. Dann dürfe auch Zusammenhalt, der Spaß, den Einzelnen Zeitlebens zu mobben erfüllt sein, und der Patriarch spricht von lebenslangen Freundschaften.

Die Schwestern und Brüder dürfen sich als wertgeschätzt sehen, erfährt der Vertriebene nichts darüber, wie sich die Eltern unterhalten, ihr Kennenlernen früher einmal war, selbst wie die Schwestern erste Sexualpartner händeln, Kinder derer werden nie mit einem in Verbindung gebracht, schriftliche Anliegen bleiben unbeantwortet. Die einzige Emotion, die rüber schwappt ist übertriebene Wut, gespielte Empörung und Hass, fällt jedem der Umgang mit eigenen Emotionen sehr schwer, man zeitlebens von einem anstrengenden Interview ins nächste stolpert und das Leben erst gelingt, wenn der Mensch balanciert all seine Emotionen für sich entdeckt hat.

Den Menschen vorerst aufzeigen, die gar keinen Hehl draus machen, dass sie keine Moral im Leben haben. Bis man feststellt, das man selbst das Glück verdient, nach langer Zeit der Entbehrung, alle destruktiven Menschen so lange froh sind, bis deren schlechte Saat aufgeht, sie selbst als Unglückliche enden, solange hält man durch und macht beharrlich seinen Weg. Sich von keinem sagen zu lassen, dass man für die Liebe nicht wert genug sei, dies zu erfahren ! Man rettet aber im Zuge dessen so vielen anderen das Leben wie sich selbst, dass die Selbstliebe darin wächst. Die Erleuchtungen sind viele, so die Erleuchteten und die Gesunden.

Ist es im Alleingang nicht nachvollziehbar, dass andere Schicksale um einen herum zu jeder Zeit dasselbe tun, aus demselben schlechten Wasser trinken, und leiden. Weil es kein Dach gibt, unter dem nicht gestorben wird. Wer keine Selbstliebe besitzt, hat noch einen langen Weg zu gehen, als solches wahrzunehmen, uneingefärbt von Bewertungen, uneingeschränkt durch Illusion, nicht gemessen an anderer Dasein mit dem seinen Glück zu erfahren, unabhängig vom Eingriff eines anderen. Wer den Blick von sich selbst abwendet, wird die Geister auch rufen, die er in seinen tiefsten Ängsten herauf beschwört, die Sorgen machen sich wahr, weil man sich in negativem Denken bestätigt. Der seidene Faden, die Brücke ins Chaos ist einfach dann überschritten, wenn andere für einen kritischen Augenblick das Denken für einen übernehmen.

Die Sucht zu quälen, Konsum Glücklichmacher, Rausch, nur den Triggern zu folgen, man sich am anderen abreagiert, gelten sie nur als gewöhnlich, die alles auf einmal wollen, und dann auch ganz schnell jetzt ! Kein besonderes Interesse weckt es. Man bemitleidet sie, und wünscht ihnen gute Besserung. Doch wie sich derlei Hilfe ausgestaltet, betrifft die Außenstehenden eher kaum. Verzweifelte, sie würden selbst dem Räuber die Beute stehlen, um davon zu kommen. Verwöhnte Wohlstandsmenschen würden lieber ins Puff ziehen, als die Privilegien freiwillig abzugeben, mit denen sie nicht haushalten oder es nicht verstehen, wie sie in der Nachbarschaft als zumutbar gelten. Wer genauso lange seinen Geist außer Acht lässt, und die seelische Komponente überhand nimmt, gehen einige Jahre vorbei, in denen auch ein Denkmal schlechtes Verhalten auftaucht, und die Teilhabe an der normalen Gesellschaft für Chamäleon Menschen nicht wirklich zu machen geht.

Was ich nicht sage, negative Rede.
Was ich nicht erfahre, was alles gewesen.
Was ich nicht einlade, an jugendlichem Übermut.
Was ich nicht mariniere, mich verbunden zu fühlen.
Was mich nicht bedrückt, mich manchmal allein zu fühlen.
Was mich die Negativität der anderen nicht beeindruckt,
dem ich keinen Raum überlasse.
Was mich verärgerte, ich nicht erlaube, meinen Tag zu vermiesen.
Was ich anzweifle, wird mir keine persönliche Enttäuschung bedeuten.
Was mich von mir abbringt, mir keinen Erfolg auszumalen,
aber vom Weg abzukommen.
Was ich als Unsicherheit empfinde, hielt mich nur von Kontinuität ab.

Es ist zum Beispiel der Betrüger, der dich erst auf perfide Weise in sein
Leben einlädt, dich darin willkommen zu heißen und sich in einem idealen
Lügengebäude vor dir aufbaut, ein solch perfekter Partner fürs Leben zu
sein oder er dich triumphal vom Zehnmeter Turm in ein Becken ohne
Wasser fallen lässt, dich in finanzielle Not oder größeren Problemen zurück
zu lassen, und glänzt ab einem bestimmten Moment gar nicht mehr mit
Liebesworten, ohne dass du dir je sicher warst, wer derjenige wirklich ist,
ob nur ein armer Mensch, der auf der Leute Geld aus ist, oder tatsächlich ein
Reicher Mann, der sich nur Späße macht mit Frauen.
Seelisches Wrack, der sich sein Frontalhirn lange Zeit schon versoffen hatte
und urplötzlich grundlos Empörung zeigt, in seiner Wut über die Welt, die
ihn benachteiligt hätte. Seine Gehirnfunktion erlaubt es ihm nicht mehr bei
unangenehmen Konfrontationen, selbst Flashback oder Bildern, die er nicht
händeln kann, Kritik anzunehmen, bei ungenügendem Applaus, mit solch
einem Neandertalern und Idioten zu tun zu haben. Er war eigentlich der
Frauen Tod, und nichts weiter. Es ist zum Beispiel noch der Typ Mann, in
den sich eine Frau ihr erstes Mal so richtig verliebt hatte. Es ist oftmals
genau das größte Arschloch, dass ihr je im Leben begegnete, aber das muss
die Frau erst viel später begreifen, was sie beim ersten Mal noch nicht kann,
der dich fallen ließ wie eine Kartoffel, im Traum sichtbar wurde, aber sein
wahres Gesicht, seine Krankheit, dessen Lebensnarben sich dir so jung nicht

zeigte, die Narben seiner Seele auf dessen Gesicht zeigten sich, feige sich umdrehend und ertappt in dieser Welt, entdeckt zu gelten, bei der Frau erst viele Jahre später. Irgendwie grenzte das an ein bisschen Größenwahn. Doch er ist aufgrund seiner Eigenart nicht fähig sein Verhalten nachzuvollziehen.

Ich weiß, dass das Leben eines jeden seine Grenzen hat, und daraus erkenne ich, dass es mein Vorteil ist, zu schreiben und den Leuten meine Weisheit mitzuteilen, aber mein Problem besteht darin, überhaupt nichts über Liebe zu wissen. Das ist ein einsames Leben.

Menschen mit Autismus führen wirklich ein wissenschaftliches Leben, sie sind nicht einfach verständlich und in gewisser Weise zu viel davon. Seine Art der täglichen Kreativität und Unterstützung gab mir das Feuer unter meinem Hintern, viele Jahre lang kontinuierlich zu arbeiten, sodass die meisten Aktivitäten mit Gesprächen, Büchern und Kunst auf einer breiten Straße mit vielen Menschen zum Teilen entstanden sind. Nach den Errungenschaften und der Anerkennung seines physischen Körpers zu streben und so alle Bemühungen zu untergraben, sich wieder mit dem Nichts, das es ist, zu verbinden und zu versöhnen, für eine Kampf freie Existenz „genau wie ich Bin".

Kritisch Denkende unter der Bevölkerung wirken nur störend, und das mindert die Willenserklärung einer Bevölkerung weiter auf den Abgrund zu noch gern für die Monopole den Dienst zu schieben. Es gibt quasi keinen Garant mehr des Überlebens, denn jeder einzelne versucht möglichst mit Gewalt ein größeres Unternehmen zu gründen, dass steuerlich besser zu verwirklichen wäre, aber die Schulden treiben fast alle auf dem Weg in den Ruin. Es ist nur noch ein Jeder – ist – sich – selbst – der – Nächste, ein individuelles liberales Land, mit einem Raubtier Kapitalismus, wo jeder zu allem bereit ist, um zu überleben. Während die Masse der in Armut lebenden Menschen, bereits etwa die Hälfte Aller mit der Inflation, die damit einher geht, nicht mehr kann als zu verzweifeln in Hass und Hetze bis sie die armen Leute auf den Tod und aufeinander loshetzen.

Früher einmal vielleicht in den Sechzigern, hatte es ein paar romantische Verfilmungen gegeben, von denen man schwärmte. Man sah gewissenhaft an der abgeschafften Versklavung der mitgebrachten Afrikaner vorbei, hatte inzwischen kurzerhand die Schriften aus der englischen Demokratie für das neue Amerika kopiert und dessen Gesetze eingeführt. Was zuallerletzt aber nichts einbrachte, weil sich jeder als Eroberer Amerikas betrachtend, einfach als Cowboy jedes noch so erdenkliche Recht raus nahm, wo katholische oder protestantische Priester das Land durchquerten, die den Leuten vorpredigten, es sei geraten in der freien Welt, auf naturalistische Weise spirituell auf gesunde Weise mit der Natur verbunden zu leben, wie es die Indianern einmal betrachtet haben, und dies im Sinne der Christen sei, um die Schuldigkeit dessen einzuräumen und aus der gelebten Schande heraus, sein Leben für Gott einmal zu ändern, und dann glücklich zu werden, ein besserer Mensch geworden zu sein.

Schnee schmilzt nie auf kahlen Bäumen. Der Wolf hat mich gefangen. Zu tun, was ihm gefällt. Er grinst und hat Speichelfluss. Seine Knopfaugen leuchten. Ich verhalte mich zurückhaltend, als wäre er nicht da. Auch wenn mich sein Blick abstößt. Mein Herz donnert. Wie ein wütender Bär. Kommt ein Karpfen geschwommen. Blödsinn, sagte er - Du kannst nicht hier sein. Du bist ein Mensch. Ich kann keine Blasen erkennen. Kommt was aus dir heraus? Bist du echt? Atmest du?

Doch jeder ob Alt, Jung, Frau, Mann, Kind, alle sind auf irgendeine Weise manipulierbar. Dazu benötigt es nur ein minimales Hintergrund und Fachwissen, und man ahnt es erst hinterher, wenn man aus schlechter Erfahrung mit fremden Menschen gelernt hat. Selbst jede beherrschte Frau, lernt darunter ihre Prinzipien zu lockern. Das weiß jeder, der die Charaktere von Menschen durchschaut. Jeder landet irgendwann in der für ihn maßgeschneiderten Falle. Es geht auch sehr leicht festzustellen, welche Art Mann in ihrem Bewusstsein verankert ist und ob dieses Bild in ihr negativ behaftet ist, sodass sie entweder unbewusst regelrecht nach der negativen Bestätigung sucht, oder sich tunlichst von Beziehungen fernhält, um sich Schmerzen zu ersparen.

Jeder kann den Wechsel in meinem Leben annehmen, das mehrmals, jeden Unterschied, Glauben anderer Menschen, deren Sichtweisen akzeptieren. Sie haben auch ihr Leben gelebt. Jedem kann geholfen sein.

Eine Zukunft geht in der Theorie nur gemeinsam zu gestalten, die Menschen gehen nur zu inspirieren, wenn jeder beider seinen wahren Charakter kennt, lebt und im anderen schätzt, denn prinzipiell wird ein mieser Charakterzug auf bei noch so geduldigem Warten nicht einfach so zu einem guten werden, und ein grundsätzlich innerlich befreiter Mensch geht in einer Beziehung nicht einfach so in Ketten zu legen und zu unterdrücken. Was uns die Zukunft bringen mag. Diese Reise kann man nur gemeinsam gehen und untrennbar vom ersten Augenblick.

Weg der Tugend, Achtsamkeit ist der Unsterbliche Weg.

Ich habe schon früher bessere gekannt, um den genauen Wortschmied des spanischen Gedankens eines humanistischen und sozialen Gedankens im Original zu kennen. Damit kein vorgetäuschter persönlicher Versuch, mich zu manipulieren, lange Bestand hat. Sicher, ich musste lernen, mit Psychopathen immer vorsichtiger umzugehen, aber diese haben kein Selbstbewusstsein, sicher im Reichtum, aber traurig bis auf die Knochen.

Aber soll ich jetzt diesen clownesken Akrobaten in mir dazu bringen, dass er mit einer Barbie von der Stange prahlen und stolzieren kann vor dem Wolkenkratzer in New York? Deshalb werden alle von Schottland bis zu den nordischen Ländern sagen: Wir brauchen nicht wirklich einen weiteren amerikanischen Militärflugplatz, sie werden sich vielleicht eher einen anderen Ort aussuchen.

Ja, ich weiß, dass Freiheit schwierig ist, aber der bessere Weg. Die Freiheit, anderen alles Gute zu tun, aber auch sich selbst. Die Freiheit, sich aus Ihrer Mitte heraus zu kümmern und Ihre Liebe weiterzugeben. Wenn ich bald diesen selbstironischen Roman zu diesem Thema geschrieben habe, genießt die Woche, entspannt die Nächte, macht euch warm, der Sommer ist noch lang! Mit den leichten Flügeln von Amor, habe ich diese Wände frankiert. Ich bemerke, ich beobachte, dann schweige ich...

„Die Wunde hat sich nicht geschlossen, weil die Naht von Ellipsen gemacht war. Die Welt ist nicht.. friedlich, hübsch, ...nicht ideal, lieblich, rein, … nicht geradeaus, loyal. Die Welt lebt im Schein; nicht des Alten Mannes Gesicht..verrät ihnen wer mit wem, verrät ihnen den Verräter in ihnen, verrät ihnen wie viele Vögel fliegen. Die Welt bedient sich... an unseren Schwächen, also muss der Mensch wachsam sein !

Der Geist dieser Zeit hält sich
für ... klug,
wie jeder solche Geist dieser Zeit.
Aber Weisheit ist einfältig,
nicht einfach.
Ist es besser, Fragen zu stellen,
die die Zusammenarbeit unterstützen,
oder Fragen, die polarisieren?

1. Ich sei nicht die Marilyn Monroe.
2. Ich sei nicht für all die Probleme der Menschen irgendwo am anderen Ende der Welt verantwortlich.
3. Er ist eine künstliche Blender Figur, selbst geschustert Idealbild des perfekten Mannes von dem die Frauen träumen, hinterm Vorhang ein zerrütteter Mensch, in innerem Chaos aufgeflogen,seine wahre Seite.
4. Er gehöre der Sorte, die Frauen verletzen, andere als Untermensch betrachtet, so jeden im näheren Umfeld manipulieren muss.
5. Eine an den Tag gelegte billigste Form, romantischen Bandwurms, amerikanischer Heiratsantragsmasche, ist nicht würdig ernst genommen zu werden.
6. Detailliert wie weit es menschlich enorm bergab geht, wenn trauernde Männer ihre Grenzen zu Menschen nicht mehr wahren und zu unangenehmen Freaks werden, die kalt und emotionslos handeln.
7. Ich bin so sehr in mich gegangen die Ahnen um Rat zu fragen, wie ich der Sache begegne.
8. Mir ist auch die innere Frau in mir erschienen, die mir davon abrät, wenn ich meinen Stolz bewahren wollte, nicht narzisstischer Persönlichkeit, dem Hund die Dienerin zu machen.
9. Ich habe soweit auch gelernt, mein Gefühl von Schlaf zurück zu erobern, einen gut gelaunten Tag zu verbringen.
10. Dieser Mann war von kunstvoll zusammen gelogenen Lebensläufen es viele gibt, einer von vielen, sie fachmännisch bei den Punkten auszuloten, bis die Vertrauensschwelle zu knacken geht.
11. Dieser Mann ist kein guter Mann, und nur ein Antrag auf mieser und billiger menschlicher Niedertracht beruhend.
12. Eigentlich verhielt er sich mir gegenüber wie ein sehr grausames Kind, dass nach der Mama ruft, doch nicht mal dazu eigne ich mich. Ich bin nicht zur Übermutter begabt, mit Achtung vor mir selbst, mich in schwierigen Arbeitsverhältnissen stets verbal zu erwehren.
13. Der gute Sex, ist meines Erachtens durchaus nicht vom Partner abhängig, was ich mir als Haltung in 35 Jahren Single Leben angeeignet, es sei denn, es käme ein Willkommensgruß tatsächlicher Erfahrung in Sachen Umgang mit Frauen entgegen.

Das Mädel mit den langen Beinen, schwarzem Haar und dunklen Augen
feierte ihre Schönheit unter Drogen, dafür musste sie alle vögeln
wenn auch keiner mehr hinter her sah, weil sie krank wurde
sie keinen Ausweg mehr sah, als zu vögeln und Drogen zu ergattern
so blieb sie zwar ein schönes Mädel doch unvorsichtig
und hatte keinem mehr etwas zu sagen, fand keinen Ausweg
bis eines Tages ihre Drogen mit Rattengift versetzt waren und sie starb.

Doch je weniger sie zu ihrem Ausdruck findet und sich zeigt
desto weniger wird sie je gewusst haben, wer sie um derlei Dinge liebt.

KIND

Du bist nur ein missbräuchliches Kind, ich habe gesehen, wie leicht sie in
meinem Beispiel betrügen, vielleicht liegt es am Stil, den du malst, oder an
der Vergangenheit, die du gelebt hast, oder an der zu langen Einsamkeit,
dem Weggang deiner Mutter oder irgendeinem komplexen alten
Lügenproblem in dir Seele, sie fangen dich auf, eine Antwort zu geben,
wenn sie anfangen zu kommunizieren, bist du ein Ziel.
Ein Kind von seiner Mutter misstraut und adoptiert, verurteilt die Mutter
gibt ihr Schuld darin, sich nicht kümmern zu wollen.

Kind enteignet, Kind zurück und eine Odysse begann.
Mutter tut alles, arbeitet, schult sich, schreibt und hat Verstand,
hat aber Freunde und mehrfach geschult, ihr gegenüber boshaft,überheblich,
keine Geschwister und Vater auf ihrer Seite.

MANN

Mann – sagt dessen Kleinkind als Tochter sei mit dem Hund spazieren
gegangen, und hätt den Hund nebenbei verkauft, um an ein höheres
Taschengeld zu gelangen, aber Vater hat das Geld gesehen. Anderer Vater
sei mit dessen Tochter raus, den Onkel zu besuchen, kam ohne die Tochter
nach hause, sagte „Ja, aber der Onkel war wirklich ein sehr reicher Mann !"

90

Kapitel Sechs

das Alter naht, Familie stirbt aus,
welkes Laub, verwirrender Gedanke

Ein Mann hat gesagt „Ob ein gutes Pferd gute Qualitäten hat, erkennt man daran, ob es sein Rennen gewonnen hat. Einen guten Mann, schätzt man darin ein, ob er ein gutes Verhalten an den Tag legt !"

Ich schau denjenigen, die mir Freundschaft verkaufen, lieber in die Augen. Hilft gegen böse Überraschungen ! Nein, Meine Kompetenzen fremder Leute ist erschöpft. Je eher sie mich foppen, dumm dastehen lassen, und sich hin und wieder melden, abstoßen und neu ansprechen, ist nicht mein Wille, ich geh darum mehr und mehr auf Abstand zu den Spielen, die mich betreffen. Ich habe eh zu anfangs gesagt, auf eine tatsächliche Bindung zu fremden Leuten online habe ich nicht die Absicht. Und ich vertraue dem Ganzen nicht mehr. Wer weiß, vielleicht wirst du eine andere finden, die du unter Druck dazu bringst, dich zu heiraten. Ich stehe nicht zur Verfügung ! Für die Aufnahme von Touristen, habe ich nicht mehr den Willen, eigentlich gar niemanden. Also lass ich das !

Ich habe Leuten das erläutert, dass mir seit etwa einem halben Jahr gewahr geworden ist, dass ich beziehungsunfähig bin, und mir wird klar, dass ich keinen Partner an meiner Seite haben will und kann, weil es einfach mit mir nicht geht.

Ich befinde mich hier in einer ganz neuen Welt
ich finde, dass sie mir ganz gut gefällt, geliebter Mann
in heutiger Zeiten eine Ausbeutung in ganz neuer Qualität,
ohne dich ist die ganze Welt nur noch schwarz und weiß
weil deine Augen, wenn du gehst, die Farben mitnehmen
wie ich hier weile, mich durch kämpfe ohne dich
und ohne dein Lachen, die Sonne nicht für mich scheint
den auf den Mond zu schicken, der mich alt aussehen ließ
der sich für toll hielt, mich aber zu dem Kerl werden ließ
zu lachen, schreien, mich zu befreien, und das schon die ganze Zeit,
der Wind zum Sturm auszubrechen droht
ohne dich fehlt jedem Kampf, den ich kämpfe, der Grund
es ist alles wahr, was ich erzähl, also bitt' ich dich, mit allem, was ich hab'
und auch was mir etwas bedeutet für immer - komme wieder !

Ich weiß, dass das tiefe Durchatmen aus dem Osten kommen mag, aber die
Hoffnung wird aus dem fernen Westen gesehen. Ich habe das Gefühl, dass
der Schutz wirklich aus dem Norden kommt und Feuer, sich selbst
beweisender Mut zur Wahrheit und Stärke kommende Kämpfe, die Sie im
Süden aufrechterhalten. Der Regen ist vorbei, die Sonne ist jetzt wieder da.
Ein reicher Familienpatriarch mit Firma.
Seine Frau geht fremd, wird schwanger, von seinem Geschäftspartner,
der sofort aus dem Geschäft geworfen wird,
und obdachlos auf der Straße haust, nicht wissend dass er einen Sohn hat.
Der Ehre zuliebe behalten sie das geheim, aber er demütigt sie all die
Jahrzehnte wie eine Hure, dass selbst der falsche Sohn des Vaters beginnt,
seiner Mutter keinen Stolz zu zuschreiben, die sich so vieles gefallen lässt,
auch vor allen anderen, aber sie halten dicht.
Dessen erster Frau Tochter blieb zuhause, gemeinsamer Sohn verschuldeter
Junkie. Der Patriarch beiläufig hat ein anderes Eheähnliches Verhältnis,
geheim gehalten in einer anderen Stadt und einen Sohn.
Er wird alt und krank, und plant sein Testament zu öffnen,
und den vielen ungleichen Geschwistern, seinen geheimgehaltenen Sohn
vorzustellen und wird krankheitsbedingt mit seiner Medizin gemeuchelt.

Wir haben ja mit dem Leben noch was vor !
Wir sind früh von zuhause ausgeflogen, um mit befreundeten Freigeistern
die Freiheit zu teilen, nicht um das „Liebsein" und den wunderschönen
Scheiß, die Lebenszeit mit den eigenen Eltern zu verbringen, und dies als
Lebenszweck zu betrachten. Wir springen doch eher in den Wind und
rocken am besten mit den Möwen, der stürmischen Luft zu widerstehen.
Wir haben keine Dornen im Garten, und stachelige Büsche, die bis unters
Dach ranken, den Nachbarn vom eigenen Grundstück fernzuhalten,
keinen ins Fenster blicken zu lassen, und wenn von fern nur auf die leeren
Kaffeetassen. Wir müssen nicht die vielen, alten Küsse vor anderen
verstecken und niemals ablöschen, mit der Pulle, bis sich das Altglas in der
Küche stapelt. Wir rocken erst, und fallen auf die Schnauze, und passen
dann auf nur mit den Richtigen alt zu werden, denen es beim Anblick all der
Lügen ganz genauso geht.

So und nur so kann man mit den anderen in der Ferne, gemeinsam alt
werden. Sie können zwar ihr Zweidrittel Wissen in Zahlen runter leiern,
aber am Ende, werden sie ihre schlimmen Taten an unschuldigen Menschen
nur solange verüben, bis ihnen klar wird, sie würden unsere Hilfe brauchen.
Gnade ihnen dann Gott !

Junge Leute von heute, solche "Aufsteiger",
steh ich nicht allein da mit der Frage, was steht Ihr hier im Anzug da,
wo Ihr nicht mal rein passt ? Seid doch kräftig Junggebliebene,
wo solltet Ihr eigentlich hin, wenn nicht mit Rucksack durch Indien ?
So wollt Ihr mich darauf vorbereiten, was ein Leben ohne Arbeit ist ?
Ich weiß, ja es gibt gewisse Dinge, die wir alle nicht sehen, die aber
trotzdem auf uns zukommen werden, ohne dass wir vorher davon wissen.
So wollten ausgerechnet zwei jugendliche Schlips Träger die "Wahrheit"'
einschärfen, sie wüssten wie es Zukünftig besser geht ? Wir scannen die
Runde, was, als Universität Abgänger und Pop Frisur ? Im Hinblick auf
unsere Schwächeren in der Runde, die mit der schweren Kindheit, die mit
der verlassenen Lebenspartnerschaft, mit dem Schlafplatz im Auto als
Ausweicher in der Krise, im Test wie eine Finanzwelt darauf reagiert ?

Haben wir alle Vogelhirne? Weil die meisten von uns Menschen ohne Beziehung leben wollen und so große Angst davor haben, das ganze verdammte Leben lang Single zu bleiben?

Ist das nicht lustig? Ich vertraue dir eher wie einem älteren, reifen, weisen Mann, einem gut ausgebildeten, weisen Mann, den ich nie lange kannte, den ich nicht so lange kenne wie euch, jüngere Freunde, mit denen ich seit sechs Jahren chattete ! Ich nehme an, das Wort „älter" nervt dich, also werde ich dir erklären, dass in meiner Art, mit Menschen umzugehen, fast jedes intensive Gespräch mit Ausnahmen mit jüngeren Männern stattfand, die ich anfangs süß und nett fand, aber alle haben viel Spaß, geben vor, erstaunlicher, erfahrener, künstlerischer, leidenschaftlicher, weitgereister und kosmopolitischer zu sein, aber wenn sich die Dinge herausstellen, stellt sich jedes Mal heraus, dass sie nichts wissen, Menschen nicht kennenlernen, denen es nicht gut geht oder die wirklich Hilfe brauchen, und in diesen Fällen erkennen sie andere außerhalb ihrer selbst nicht einmal als bedürftig. 90 % der Menschen sind Angeber und Geschäftemacher, Menschen mit Vorwänden, die rohe und unfaire Witze über andere machen, sie ignorieren und ziemlich grausam sein können. Deshalb verbinde ich mit dem Wort „älter" wirklich und wahrhaftig eine wunderbare Eigenschaft von Menschen, die für das, was sie sagen, aus einem echten Hintergrund heraus kommunizieren und schreiben – eine viel schönere und ehrlichere Eigenschaft im Vergleich zu den Menschen, die die „ewigen Wilden" sein wollen, die einem aber, wenn man sich ihnen nähert, sofort die Tür so fest vor der Nase zuschlägt, dass man Sterne sieht, bis man kein Blut mehr in den Adern spürt, die selbst jahrelang mit ihrer Sympathie „gefeiert" werden. Du glaubst nicht, wie oft ich die Sterne gesehen habe, wahrscheinlich so oft, wie du die Sterne am Himmel zählen kannst, als ob ich mich wie diese Bio-Tanten, die absoluten Sonderlinge, von Deutschen aufführen sollte, mit einer Abkürzung all dieser variablen Gespräche, und trotzdem nur Gelächter ernte, das irgendwann unwirklich wird.

Aber ich meine, lassen wir das dabei. Ich folge zukünftig gerne der Poesie. Ich weiß, was ich lernte, war mich selbst in allen Richtungen und Wendungen zu konfrontieren. „Ein Herz, das will, und ein Geist, der sich weigert, und tausend Schlachten in einem Körper." Es gibt einen ewigen Kampf zwischen Verstand und Herz. Die menschliche Seele wird nur vom Schöpfer wahrgenommen.

Testen Sie sich diesbezüglich nicht gegenseitig.
Der Konflikt zwischen Geist und Herz. Ein Kampf, der die Seele ermüdet. Zwischen einem Herzen, das will, und einem Verstand, der sich weigert Ein gewisser Herz- und Verstand sagt ihm, dass es sich um Illusionen handelt. Zwischen diesem und jenem geht die Seele verloren. Ein Herz, das davonfliegen will und ein Geist, der es fesselt. Ein Herz, das in Träume versunken ist, ein Geist, der es erweckt, und eine Seele, die um Hilfe schreit. Ein Kampf, in dem Sie der einzige Verlierer sind. Wenn der Verstand diesen Kampf gewinnt, dominiert das Herz die Seele, sodass Träume in Spektren zu Ihnen kommen, die das Herz begehrt, und wenn Sie aufwachen, finden Sie, dass der Verstand lacht, das Herz weint und die Seele verloren ist.
Und alles dazwischen.

WAS WUNDERT ES EINEN ….
DASS ES FÜR ENGAGIERTEN EINSATZ BEI DER KIRCHE
KEINE BERUFLICHE CHANCE GIBT, oder FESTE ANSTELLUNG ?

Der Papst ist genauso wenig selbstlos wie alle, die für ihn arbeiten,
die Kirche lässt normal und gut arbeitende, die Angestellten
mit humanitärem Niveau sich jahrelang um Verträge buckeln,
mit falscher Versprechung und kirchlicher Doppelmoral
für die doppelt leidende Belegschaft chronisch Kranke zu erpressen,
seitens des Bedarfs eines Medikaments, die Karriere zu versauen,
seitens dessen, dass sie andere verpfeift aber, die Gefahr der Kündigung
aufzuschieben, seitens der Mitarbeit einer Arbeiter-Mitsprache,
sofort den Vertrag der Weiterbeschäftigung zu kündigen.

Big Bang bis heute ! Meine Theorie vom „Urknall bis heute" ist kurz. Wir haben nur darüber gesprochen, was unserer Theorie nach zuerst da war, das Ei oder das Huhn. Dann habe ich ihnen meine Version in Kurzform erzählt und beide hatten viel zu bemängeln. Das war lustig. Zumindest haben wir festgestellt, dass alle auf der Welt, ob Moslems, Christen oder Wikinger, Naturgläubige oder sogar Bewohner afrikanischer Höhlen und Inseln, auf die richtige Weise glauben, wie sie wollen, und alle an eine bessere Zukunft für die Region glauben, in der sie leben, und keiner ist besser als der andere, weder die Region noch die Menschen mit ihrem Glauben. Der wunderbare Ausspruch und die Worte eines Freundes aus dem Koran haben mich sehr glücklich gemacht. Diese beiden Kinder, Brüder, sind die Kinder des alleinerziehenden Vaters. Es tut gut, dieses Verständnis zwischen ihnen zu haben, nicht viele müssen darüber nachdenken, sodass jeder mit jedem sprechen und reden kann.

1. war der Baum
2. war der Wurm, der den Apfel vom Baum fraß
3. war der Wurm, der Eier legte
4. wurde der Wurm zu einer Schlange
5. die Schlange wuchs zu einem Raubtier heran
6. das Raubtier bekam Flügel und flog
7. während der Fisch im Meer auf die Erde kletterte
8. der neue Landbewohner bekam ein Fell und vier Beine
9. später wurde das Säugetier auch Mensch genannt
also ist meine Theorie, dass zuerst das Ei kam, dann das Huhn!
"Möchten Sie im Paradies zur Rechten des Herrn sitzen, in seiner Gnade baden und in Verzückung das ewige Leben genießen?" "Nein."

Heuchel !
Sie stellen vielleicht heuchlerisch Kirchen unter Schutz,
um sie vor dem Verfall zu retten, sie entvölkern das Land vielleicht
die Bauern gehen pleite in die Städte, sie sorgen für ein pflegliches Image
das "Alte" zu wahren, doch im Gegenteil dazu bleiben wie bei allem, das
altert, meist nicht mehr übrig als Sand und Steine, weil wo bitte bliebe es

bei Kirche hängen, würde es um Vertriebene, um Asylanten und die arme Landbevölkerung, um Wanderer und einsam Reisende gehen, wenn dort ohnehin keiner mehr lebte ?

aber welches Zimmer? Ich finde, die meisten alten Gebäude sind mittlerweile verrottet, wie könnte der Pterodaktylus also jemals bei uns drinnen bleiben wollen?

SIE NENNEN ES …. DIE KLEINEN SEKTEN MAL EIN BISSCHEN MIT RANZIEHEN, IM BUNDESLAND „SCHLÄFRIG HOLZBEIN" oder „SCHLESWIG-HOLSTEIN" es klang wie EIN NEUES EXPERIMENT neu AUFZIEHEN, läuft seit 35 JAHREN !

Will das Pärchen vorzeigen, wie Pärchen zusammen leben,
dann den Zuschauern demonstrieren, für ein bisschen Frommgetue,
sich eine Gruppe "Bedürftiger", die vom Staat ihnen zugeführt werden,
in betender Form ans unentgeltliche Arbeiten,
also einen klitzekleinen Test unterzogen werden,
wie weit sie sich in solchen "Lagern" integrieren ließen,
das Pärchen sich nebenbei ne gute Nase dran verdient,
die Kritiker und Umliegenden und Zeugen einschüchtern,
die dies beim Land anzeigen, dann diesen hinterher schnüffeln ein bisschen,
die Kinder abschwatzen im Anschwärzen beim Amt,
also frech sie denunzieren für die Kritik, das frisch geboren Kindchen "weg"
damit die liebe Kirche wieder ihre Ruh hat, Deckel drauf, denn keiner mehr wagte, aus der Kirche auszutreten, ohne den Tritt in den Hintern, in Arbeitslosigkeit, die unausweichlich würde ?
DER REST VERLÄUFT mit dem MOTTO – VERNIEDLICHUNG !

Ich habe lange schon gesagt, das Leben einer Frau entscheidet sich meist schon im Elternhaus, also erlebte sie da den Graus, erfahren wird sie ihn im selben Maß draußen, man streift ihr die Eltern samt den Kerlen so über, und fällt sich von außen ein Urteil drüber, damit stigmatisiert man generell jede Frau, und hält all ihr erlebtes Unglück für vorher bestimmt, schon aus voyeuristischer Freude und der Vorliebe dies mit anzusehen. Der Frau wird aber eines Tages klar, dass sie nur die Erfahrungen und Gefahren zu durchleben hatte, weil sie diese Familie im gleich gefahrvollen Stil erfuhr. Rassismus von Haus aus, sagt man dazu. Leider aber überschaut die Frau diese Methoden erst spät, wenn auch mit jeder guten Warnung doch eines Tages, dass sie ihr eigenes Lebensproblem nur alleine löst, indem sie sich im Griff hat, und dann vom ersten Schritt an, die Warnungen wahrnimmt, und also die Hühner sattelt. Noch weit schlimmer sind ihre Erfahrungen, die sich häufen und mehren, solange sie das Wort Problem in ihrem Geist nicht akzeptiert, und von früh bis spät dieselben Fehler begeht. Sie bringen sich und ihr Kind schneller in Gefahr, als den Märchenprinzen endlich abzulegen. Sie sehen eigentlich die Jugendlichen und ausgebeuteten Alten draußen auf der Parkbank schlafen, deren Stolz es ist, trotz dem Hunger zu leben, sich vor niemanden zu rechtfertigen. Jeder hat seinen Stolz in einer solchen Lebenssituation. Aber im Prinzen Wahn, als müsste jeder Mann ein Aussehen haben wie Macho vom Club, weiblicher Ach so Gutmenschen Art, den Masochisten spielen, Männern mit der „Liebe" kommen, begreifen es nie, schlittern für die Kerle durch die Gosse vor aller Augen wie ein Mensch an einem Pfahl, sind nicht davor zu retten, dass sie für die „Liebe" sterben wollen oder dass sie nur deshalb als Single leben, weil ihre Versuche immer noch vom Elternhaus geprägt bleiben, statt es einfach mal auf neue Art zu versuchen, und die Klientel zu ändern, die sie stets verarscht und schlecht behandelt.

LIEBE IST NICHT DIE BEDEUTUNG VON ALTRUISMUS.
Es ist besser, nicht den Masochismus zu spielen. Nicht jeder hat den Mut dazu. Es ist nicht immer so, dass jemand stalken möchte. Nicht der andere, der auf „Hilfe" vorbereitet ist. Es sind keine Wurzeln, die stark sind, um die Brücke zu bauen. Nicht die Pferdestärke, so jemanden kennengelernt zu haben. In der Liebe liegt selten die höchste Heilkraft. Ohne medizinischen Hintergrund kein Erfolg. Es ist absolut unmöglich, aus anderen einen Engel zu machen. Mit Deinem Opfer geht die Freundschaft nicht weiter, aber dort wird alles enden, wo der Masochismus in Verzweiflung endet, wo dich dann niemand herausbringen wird, wo der Heiler seinen eigenen Tod findet !

Sie verraten sich schnell in der Öffentlichkeit, sie wie wilde Hunde umher streifen. Straßenkinder sind nun mal entdeckt als Spielball in allen Begegnungen. Es werden keine besseren Bedingungen geschaffen, solange sich eine Gesellschaft in der Arche Noah fühlt, aber Gott die anderen überlässt, die sich selber genügen können. Dadurch verschlimmern sich die Aussichten für alle eines Tages. Wie kann es anders gehen, als eine Generation an Kindern zu übersehen und sich allmählich zu wundern, dass Frauen keine Nachkommen mehr schaffen. Wo nicht mal eine Familie beim Arbeitswechsel wieder zum Umzug eine passende Wohnung fände und keine Schulen für die Kinder. Also wird Kinder kriegen immer mehr zum Existenziellen Risiko. Die Gefahren lauern in der Bürokratie, in der Misswirtschaft, im Unverständnis von Gesetzen für die Bürger.
Sie sind nicht bereit dazu zu lernen, weil sie immer noch glauben, sie könnten mit Hilfe von Statistiken hexen, und sehen nicht hin, um sich mit den Armen in Kontakten nicht in Gefahr zu bringen, dabei sind die Hüter auf dem Misthaufen die wirkliche Gefahr für die Bürger, die sie unterpflügen, als hätten sie dabei nur mit Zahlen zu tun, und menschlicher Verlust wird als technischer Defekt zur Akte gelegt.

Erst geht ihnen anzumerken, dass in der Liebe geprellte Leute, offen kaum zu Selbsterkenntnis gelangen, weil sie müssen wie es den Mensch ausmacht aus ihren Misserfolgen erst lernen, das sie anderen auf den Leim gehen müssen, um zu einer Lösung ihrer selbst zu finden, dass es ihre Karmischen Bedingungen ermöglichten, unter Schmerz festzustellen, zu wahren Freunden der Menschheit werden können, wenn sie deren Haltung zu den Menschen ändern. Doch bis dahin stürzen sie sich erst in einen immer stärker grausam werdenden Krieg, der keine Grenzen kennt.

Jedes Vorhaben, das man sich zum Ziel setzt, braucht seine Zeit.
Sie gehen nicht Schrittweise vor, was deren Zukunft betrifft, das Kind geht nicht zur Schule. Weil Frau ihr Gedächtnis offenhielt ihre Kindheit in Erinnerung zu behalten, weiß nur sie, was eine Schrittweise Entwicklung im Leben eines Menschen bedeutet. Sie würde erst dieselben Zäune überwinden, Täler durchwandern, Berge erklimmen, Seen durch

schwimmen, Länder bereisen, ihre eigene Natur hinterfragen, bevor sie einen Kindeswunsch hegt, um dem Kind in der Erziehung dieselbe Offenheit zur Welt anzuerziehen. Dies bezieht sich auf eine gesunde Entwicklung des Kindes, Gehirn, dessen Persönlichkeit und sozialen Verhaltens. Das was die Kinder lernen werden, ist ausschließlich, für was sie sich im Leben selbst entscheiden. Je größer deren Interessen werden, desto mehr lernen sie. Das macht sie in der Liebe souverän. So werden sie gleitend zu Erwachsenen, denen man ansieht, dass sie das Wichtigste im Leben begreifen, sich selbst zuerst zu akzeptieren, zu Beginn zu philosophieren, und später die Eigenschaft der Selbsterhaltung als Aufgabe zu sehen. Darauf ist man stolz. Die Beziehung zu einem Menschen nur als Errungenschaft zu betrachten, und nicht nur seinen materiellen Besitz. Keine Sorge, es sind auch dein Schamanischer Freund, welche für mich gute Menschen, sie sind eben auch einfach für einen da, wenn man sie braucht, denn sie haben auch ihr Wissen, das ist äußerst wertvoll, so wie du deines hast.

Ein lebenslanges Versprechen ist ein lebenslanges Versprechen.
Aber egal, es bringt ja auch nix, letztendlich ist es ja immer eine Frage der Ehe, und in die kann man nur einwilligen, wenn man mit dem anderen alt werden will und die Momente bedauert, in denen man nicht zusammen ist.
Ein lebenslanges Versprechen ist ein lebenslanges Versprechen.

Aber zumindest sagte ich dir, du seist ein schöner Mann. Dass du immer noch kein Tattoo hattest sei schön. Du liegst da in meiner Vorstellung, ein bisschen betrunken in Omas Garten, abwärts schön geformt. Und deine Angst, nicht die richtigen Worte zu mir zu finden und den wilden Augen der "Liebe", die viele auf dich richten, jeder der dir dieses Wort der "Liebe" gab. Da du einmal ein Glas deines regionalen Wassers getrunken hattest und mir erzähltest, dass du Menschen wie mich, dem Element so nahe, verehrst, was eine Art Liebe ist, was eine Art Tränen ist. Wie kann ich diesen Schrecken, den ich bei dir ausgelöst habe, wieder gutmachen ? Was auch immer du von mir erwartest, wir müssen in Zukunft lernen, besser miteinander umzugehen.

Dann lassen wir die Zeit vergehen. Wir können es sowieso nicht ändern.
Wir alle werden eines Tages alt.

Die Liebe nicht im Realen Leben
drauf willst du bestehen und alt sein nicht
den Ärger runter spülen, Angst in die Nieren sperren
die Traumata einfach wegfressen
die Lunge so im Rauch zerfressen
als hättest du es vergessen, was du einmal im Leben verloren
im Raum wie Du unvergoren.

Bis meine Seele reißt, steh am Punkt, bis es nicht mehr weitergeht
sag hör auf, dass ich mich nicht weg schmeiß,
du es genießt, wo Krieg hinführt, du fällst Tagelang Verschüttete
die Frau mich beschützt, die mir die Tränen weg küsst,
du sagst, wir wussten, dahin wird es dich führen.

Setz die Kinder aus in der Wüste, sie finden jeden Weg heim
schlag ihr die Zähne aus der Fresse, dran denken wird sie wenn sie trinkt
wie es aussieht darf sie sich ab heut und hier adoptiert fühlen
Vater sagte, du seist nicht immerzu beherrscht, öffnet seinen Mantel,
trat mich in die Gosse mich angekrochen zu sehen,
mich ausstoßen wie alle anderen, die sind wie Männerschweine

Es ist besser, wenn er in Frieden geht,
zu kommunizieren aber, der Politik ans Herz gelegt.
Und worüber nicht geredet wird, aber jedem daran gelegen ist, sie fühlen
sich beschützter, je mehr sie in der Lage sind, ihr Gehirn zu gebrauchen.
Vergessen geht vorbei an der Tatsache, sich selbst zu kennen, um die
Hilflosigkeit auf sich selbst beruhen zu lassen. Was von der frühen
Lebensweise erhalten blieb, die Lebenssuche, der Sinn des Denkens über
die Dinge. Mit 30 ist man gerade alt genug, um zu wissen, was man tut,
und noch jung genug, um es trotzdem zu tun.

Du bist niemals zu alt für Rock' n Roll ! Doch wer sein Leben verwirft wird nicht bekommen, was er ersehnt, er merkt es nicht, nicht das Positive, nicht die Dienstbarkeit, er will sich alle, die einher gehen einfach ständig für sich nutzen, das Wahre gerade heraus gesagt fand sein Zuhause nicht.
Stehen sie auch alle früh auf, ist ihnen wenig gewahr, bewegte sie stets vieles, wann sie lächeln, lauerten sie verlegen, weil sie keiner berührt. Wenn also die Tage verrinnen, sieh dir an, welche Dinge sie zu einem Lächeln bewegen. Wenn sie alt, verbraucht, spießig und unzufrieden, dann lass sie tanzen, fragen, scheißen. Sie verlangten nach Antworten, die sie ohnehin nicht hörten. Wer alt wird, ohne an sich gearbeitet zu haben verliert sich außen zwar weich, aber innerlich verhärtet, denn Alter erscheint den meisten als Verschlechterung, denn die Wenigsten erreichen es im Leben mit der Erfahrung anderen zu helfen, oder eine gute reife Leistung der Welt mitzugeben und vielleicht vielen im Leben dazu zu verhelfen, dass sie lernen, ihre eigenen Probleme selber lösen.

Nur der erreichte es, der einmal jung gewesen, der es schaffte, einmal alt zu werden. Je ungebildeter ein Mensch ist, desto leichter geht er für dumm zu verkaufen. Das Leben benötigt ein Finanzmanagement. Dieses hängt davon ab, seine Samen in die Erde zu setzen und von seinen eigenen Fähigkeiten und Früchten zu leben. Dazu gehört eine gute Bildung spezielle Talente, von guten Ideen abhängig sein Geld anzulegen, zu profitieren und sorgsam, ganz mit Informationen handlungsfähig mit der Natur zu leben, und im Überfluss zu bestehen, und sein Geld gut anzulegen.

Wer die geistige Kraft, diese Erlebnisse zu ertragen nicht besitzt, wer die aufsteigende Kraft und den Mut nicht hat, dem Leben daraufhin zu begegnen, wer die Fähigkeit eigenen Humors nicht aufzubauen fähig wird, und keinen Optimismus von außen erfährt, der begeht solange nur noch durch seinen Alltag spontane, kleine Schnappschüsse zu machen und erliegt der Illusion, sich stets eine Inszenierung herbei geführter Zufälle anzusammeln, zu denen der empörte Betrachter jedoch keinen Zugriff mehr hat. Und es entsteht ein bewegtes Bild der Unbeweglichkeit.

Es ist wie mit einem Kind, dass in sonderbar verzauberter Atmosphäre im Garten sitzt und erstaunt aussieht über der Bäume Riesenerscheinung, zwischen Wärme und Kälte wahrgenommen wird. Wenn der kurze Augenblick festgehalten wird, in dem ein Kind darin aufgeht. Bis nach Jahren mit der Einfühlsamkeit, das Kind seine eigene Lage am Schopf ergreift und beginnt, sich in den Vordergrund zu schieben. Dies ist ein Geschenk, den Menschen zu verstehen, über alle zu legen. Und sie werden weiter segeln, die mir auf der Straße begegnen, und plötzlich merken sie, ich sei dieselbe wie sie, die denkt und fühlt.

Der Unterschied zwischen Mensch und Tier, zwischen Alt und Jung klafft gar nicht so extrem auseinander, beobachtet man, dass gerade die Alten wieder zu Kinder werden und sich je älter sie werden, stets weiter verwandeln. Seid zu den Alten also nachsichtig, sie hatten die falschen Vorbilder, aber sie verstehen es nicht, sich im Alter zu verwandeln, einfach ihnen der Intellekt, das Talent dazu fehlt, aus ihrem Unverständnis für die Welt heraus, sind sie in ihrer Altersverwirrung gar nicht mehr zu Kommunikation in der Lage, oder etwa sogar ihren Opfern Reue zu zeigen. Wie kleine Kinder sind sie dann wieder von Hilfe abhängig, und wer denn sonst soll ihnen die rund um die Uhr gehende Aufmerksamkeit, Pflege, Unterstützung anbieten, als das Opfer selbst ? Darin geht es noch in vielen Europäischen Ländern vorbei, den Flüchtling als die wichtigste Ressource auch so zu behandeln und in das Arbeitsleben zu integrieren. Es wird sich nur dann gut erweisen, guten Leuten innerhalb kürzester Zeit, deren Fähigkeiten in die Gesellschaft einzuflechten, unbürokratisch, menschlich vor allem und in Dankbarkeit für ihren Kraftvollen Einsatz, den sie zeigen, nach einem langen gefahrvollen Weg, den sie hinter sich brachten.

Also sind Alten Menschen, die diese Zusammenhänge heute nicht mehr verstehen, keine Schuldzuweisungen nützlich. Aber die Lehre zeigt, je humaner die Gesellschaft lernt, mit den Schwächen der Menschen umzugehen, dann einen enormen Schritt weiter zu gehen, für die Zukunft einer Gemeinsamen Idee etwas wichtiges beizutragen. Das Wagnis einzugehen, für den Bedürftigen und alten, oder kranken Menschen seinen

Beitrag zu leisten, benötigt Arbeitskräfte, diese aber draußen ohne Arbeit stehen zu lassen, bedeutet ein Land wird selbst vor die Hunde gehen. Wer dann im Alter selbst keine Kraft mehr hat, wird dann ohne jede Hilfe alleine stehen und beiseite geräumt.

Ich biete an TRILOGIE !
1 Emanzipation
2 Menschenkenntnis
3 Abnabelung

Seid erfolgreich -
Lasst Euch nichts gefallen,
wer vor Euch fällt, werden sie sein !

Wieder im Licht

Schön und konstant, frostig und schwebend im Raum, in Humor und einladend zum Träumen, prickelndes Element wissend um der Ideen, verschlossen hinter einer Tür, stark in Erfahrung, Wissen erlebt, im Ganzen gekoppelt und komplementär, selbst frei, für den sich deine Meinung teilt, bietet sich dein Angesicht. Manches musstest du erleben, und am Ende gib zurück.

Hinter Mauern scheint es violett

Meine Ansichten haben sich gesammelt.
Mein Portrait. Ich baue an meinem Universum, nicht die Umgebung anzuprangern, dennoch stark und meine Kunst kann sich halten. Habe Mut, dich deines Verstandes zu bedienen, in einer Bewegung des Lebendigen nach dem Holzpfahl zu greifen und glücklich an ein Ufer zu gelangen. In zu erforschende Welten bis zu den Universen hinaus zu gelangen, Fiktion zu erlangen und den Gebrauch der Wirklichkeit zu verstehen. Unmittelbar wollen wir in der Sonne reisen und im bloßen Beobachten unwillkürlich zur Faszination hingerissen werden.

Flachs in flachen Landen

Kirschsüßer Kuchen, lass es versuchen. Das Hochgefühl zu zweit, alle abgehängt, dem Kind wird die Gitarre in die Arme gespielt, die Blicke ein bisschen bedrohlich, ihre Miene schwer verständlich. Er wird es aber schon machen, der ihren Gesang erhört.

Der Raum muss zusätzliche Dimensionen haben, zu sehen nur eine gewagte, bizare Idee, von etwas, was eine ganz natürliche Erklärung, links, rechts, hinten, vorn, oben, unten und die Zeit. Daran zu zweifeln, es verhielt sich alles ganz einfach, wenn vielleicht die fehlende Dimension nicht gesehen wird. Wellen und Dellen, welche sich im Raum ausbreiten, sind vorstellbar, erkennbar und sichtbar ganz aus der Nähe. Energien, die sich aufrollen in unserer Atomsicht, nicht leicht zu verstehen, aber verdreht, gerollt, auseinandergezogen. Wie einer um die Welt weiß zu spazieren, weiß einer die Dimension dieser Welt zu erforschen. Form kann vieles bedeuten und Innenraum und Töne verändern, schweben da aber nicht auch unterschwellig Kräfte, die in einer Verkrümmung schwingen und vibrieren. Zahlen, die dem Universum seine Eigenschaften verleihen, stärker atomare Bewegung kann dies alles löschen. Präzise formuliert in sechsten Dimensionen liegt die Lösung, dass sich die Theorie bietet als eine für alles und für gar nichts, finden wir uns wieder in der elften Dimension.

Yerba Santa

Gedanken und Gefühle oszillieren in unserem Gehirn. Wir sehen die Welt nicht wie sie wirklich ist, nein, wir konstruieren ein Modell, das für uns am wahrscheinlichsten ist, die Welt zu verstehen. Unsere eigenen Theorien helfen uns zu verstehen. Wir sind ständig wissenschaftlich tätig. Wir erarbeiten uns politisch, religiös, kommerziell, erschaffen eine Welt mit Macht und Leidenschaft, beantworten uns in dieser Kraft die Fragen über unsere Weltsicht und all das, was uns bewegt.

Schlangengefieder

Wer suchte nicht in einem Augenblick den Stein der Weisen an allen
Stränden dieser Welt ? Der schaute alle Wege, ihn am Rand zu entdecken,
den Meister, der in einem selber schaut. Und hebt er unter Blumen die
Steine empor, mit denen sie nach mir warfen, ist es immer leichter, sich an
seine schnellen Worte zu erinnern, sich an die Farben der Kindheit zu
erinnern und Vergangenheit vor Zukunft zu schieben. Erfolge zu erringen,
als an Kommendes zu denken und zu spüren, wie es ist gerade jetzt. Gelten
Antworten darauf zu finden, wie sein Kind im Arm zu halten. Ein Blick
umrundet einen See und für sich Leben zu beginnen, die Zahl an Gefühlen
zurecht zu legen, darum wissend sich eine Brücke zu erschaffen.

Was bleibt

Es macht besorgt bezüglich meiner Gesellschaft, welche Individualität,
Wurzeln, Ressourcen und Menschen, welche handeln oder Menschen, die
denken - wagt in einen Topf zu werfen und alles in allem gleich betrachten
will. Wenn nicht mal ich der Einzelne von niemandem bereit bin, den
Schlüssel zu meinem Traum zu übernehmen. Wer ist dazu nicht mehr in der
Lage, als der Einzelne selbst ?

Zum Ursprung zurück

Zwei, die sich liebten, verbargen sich im Floß. Sie sich von ihrer Familie
trennten, flossen auf einem Fluss dahin, gegen den Sturz seiner Fälle
ungeschützt. Verwandelte er sich in einen Felsen, der von den Wassern
gepeitscht wurde. Sie stürzten in die Tiefe, die beiden kamen nie wieder
zurück. Für den Einen die Einsamkeit etwas unerwünscht Unangenehmes,
und für den Anderen vielleicht aus diesem Grund Unersetzliches. Am Strand
fühl' ich mich klein wie die Käfer. Über' s Land gehen meine Schritte
schweren Gangs. An der Küste stadtnah streifen mich die leuchtenden
Lichter. Streife ich vorbei an Beerensträuchern an der Nordsee, verflicht
sich die Sehnsucht mit einem Wiedersehen entlang der Windanlagen.

Liegt in der Ferne wessen Gesicht ich sah, zerklüftete Strände hinderten mich zuzugreifen. Gänse leicht zu entdecken, aber das Vertrauen eines Freundes nicht. Es gab ein paar merkwürdige Männer in meinem Leben, zugleich süße, gut aussehende und intelligente. Es geht ja nicht um die große Liebe, die mir im Leben hätte den Antrieb geben können, es war mir eher wie eine Entschlackungskur vorgekommen in einer fremden Welt der Männer zurecht zu kommen.

Schau auf Dich !

Sie, die Liebe, welche die zwei Hälften unserer Natur vereint. Messerscharf hatte Zeus es sich vom Menschen erbeten, seine Waffen die Gedanken, die ihnen grollten. Sich den Menschen zu schaffen und mit einem Überbild zu überdecken, welches sie sich nicht herbei gewünscht, und für sich allein zurecht zu formen die grauen Gedanken in grauer Vorzeit, die sich wie Kriege überschlagen. Etwas von beiden, ein Teil von Frau, ein Teil von Mann, die Form der Synthese beider, entgegen der Zwischenwelt, in der welche immer danach auf der Suche, sich zu vereinen, und seine Eigenschaften als Mensch in sich zu bewahren. Wie geht es nicht leichter nach der Masche, es mit der Masse sich zu vereinfachen, wenn man ihnen die Rechte nähme ?

Gø hva du tøs !

Tu, was du willst ! Auch ich hatte ein weitgespanntes und erfülltes Leben. Ich lernte im Weiblichen zu denken, zu erfahren, zu sehen, zu sprechen, erträumte mir eine positive Welt. In vielen Fällen ward ich initiativ, und sehe ich zurück, konnte ich mich beinhart geben, und wirkte es auf Freunde dennoch rührend. Meine Gefühle und mein Wissen muss ich vor einer Welt nicht verstecken. Es ist, als könnte ich die Menschen um mich herum ertragen. So ist das, wie ich bin, einfühlend, beobachtend, distanziert, einschätzend. Und es dauerte lang, in diesem Leben einen Teil dieser Gesellschaft um mich zu bilden, auch wenn es draußen regnete und die Kälte mir unter die Kleidung kroch.

Schattendiebe

Es ist nicht eine Religion, die einen Geist einsperrt, da sie die Vielfalt nicht will. Alle bestehen nebeneinander aus der eigenen Mitte. Wächst man in Schönheit. Das Licht, den Glauben zu sich selbst, die Kraft im Herzen zu erkennen, stets neu zu beginnen, sich in einem schönen Leben zu entfalten, die Chance dazu gilt jedem, wo es Fortschritt gibt. Schenken Fremde sich ein Lächeln reichen Menschen sich die Hand. So bekam ich in diesem Leben einen Anteil einer Gesellschaft zu spüren, als Frau, als Troubadour, in meinen Reden, mitsamt den Menschen, Traumgebilden und dem Lebensglück. Und ich wusste, leihe ich mir ein Stück von der Ewigkeit, so muss ich auch weiter daran arbeiten und versuche, das Beste daraus zu schaffen.

Meine Seele wird ein Baum

Es sind sie, die auf den höchsten Wellen reiten und die stets an allen die Willkommenen sind. Zurück blieben meist nur Scherbenhaufen, ein paar Gräber und zusammen gefahrene Reifen. Was nur dazu ermuntert, seinen Motor woanders in Gang zu setzen und im Leben niemals auch nur zurück zu sehen. Kind, du bist mit Echtheit begabt, du wirst deinen Weg unter Wölfen finden. Du wirst ihnen vielleicht den Weg eines Tages weisen, und du brauchtest dich nicht anzustrengen in ihre Fußstapfen zu treten, weil du darum weißt, wie wertvoll und unaustauschbar ein Leben ist !

Die Welt ist nicht nur subjektiv. Die Welt ist veränderbar. Wie mit dem Mittel zur Kunst führt es die meisten in ein Projektionsloch. Man projiziert sich selbst hinein und erfährt die Welt als ein Modell. Und Realität ist nur eine Konstruktion und immer nur interpretierbar. Die Basis der Dinge ist so entscheidend stetig, ob etwas real ist oder nicht, endet es nur in einer suggerierten Erfahrung.

Es kommt darauf an, wie wird die Welt verhandelbar ?
Wie wird sie offen und einschließend, statt geschlossen und ausschließend ?

Liebe ist manchmal viel zu weit weg

Erst kam das Vertrauen, dann die Intelligenz. Wir Menschen blieben kindlich, runde, rosa Gesichter, kleiner Mund. Wir schimpfen, wie Hunde bellen. Was Wölfe nur in ihrer Kindheit tun. Unsere kindliche Neugier ließ uns duldsam und vertrauensvoll der Umwelt begegnen. Entfernt von unserer wilden Verwandtschaft lernten wir einander zu vertrauen. Unser jugendliches Temperament erst lehrte uns unsere Probleme zu lösen. Menschwerden erfolgt nur in menschlichem Temperament. Klug wurden wir erst, als wir sozial wurden. Erst ein freundliches, offenes Temperament, wie das unserer Kinder sollten wir bewahren. Was feste Regeln und Zusammenarbeit verlangte, so erfassten die Menschen die Welt mit Neugier und Verträglichkeit, dies ließ uns auf Bindung angewiesen sein.

Ein Universum passte in einen Beutel

Der Motor immer noch in Gang und wolltest du ein Rockstar werden, heultest du zuvor schon ab, weil auch da dich keiner mag. Tut mir Leid, ist es mir, als sehe ich das so nicht. Und wenn es sie in dir drinnen nicht mehr gibt, ist ja schon einer weniger inmitten der Liebe drin. Die mir zu sagen wagen, ein Liebespaar erfrischt sich jedes Jahr, dann höchstens im Badewasser anderer sauberer Leute, dann benötige ich die Liebe nicht mehr, klar ! Reisen und Trost bis eine Mahlzeit wieder teuer. Vor dir ein langer Weg, Schauspieler auf der Suche nach einem Ziel. Dein Flunkern sympathisch, bist mit der Sonne verwandt, strahlst mitten durch sie hindurch. Streust dein Lachen in die Welt, weißt um das Dahinter, und wirst dich für niemanden ändern müssen.

Fantasien' s Flüsse Aspeola Odurata -
dein Erstaunen, ein unglaubliches Gefühl. Durch die Welt zu segeln und zu bestehen, deine Architektur zu finden und eine Welt zu verschönern - und zerpflücken sie alles, erhebe ich mich in alle Richtungen, sie werden sich nicht mehr in Vögel verwandeln, weil ihre Unschuld ist verspielt.
Zu träumen braucht es Jahre Arbeit, derer sie sich unterwerfen nie.

Am Ende eines Wegs

Manche Masse ist nicht anders, manche sich in Wegen um die Insel der Menschen bewegen, und der, der sich gern mit ihnen unterhält, ist zu hause an vielen Orten, Gesten und Situationen, weil dich ein Ort, den du zurück gelassen, in nichts mehr hält. Sind sie alle nach der großen Liebe auf der Suche, und sie finden darin nicht die Spur. Hat der Erste nicht, fehlt es dem Zweiten, am Ende fehlt es jedem, und sind sie nicht eitel schlecht gelaunt, wenn sich nicht alles von allein ergibt ? Prinzen Sohn, sieh da, der Juan ! Was tut er ? Und was dann ? Liebe für ein Etikett. Was sprachlich für nur wenige umzusetzen geht. Was sich zwischen uns befindet. Was steht mehr als ein Wort ? Was bleibt an einer solchen Begegnung ? Damit verbindet sich mir ein Nichts !

See Gefiedertes Blatt

Die Macht eines Königs zu besitzen, heißt wie ein König auszusehen. Eine gerechte Macht geht mit der Wahrheit die einzig wahre Autorität entsteht durch Respekt. Wer feige paktiert, Gesinnungsethik vertritt, in einer Prägung, welche gerne Nachahmer findet, einer Konditionierung, die Ihresgleichen sucht und einem Hang zur Utopie, speist heute keine Mehrheit mehr ab, weil ein jeder inzwischen zwischen Hack und Kuchen, zwischen Schönreden und Fluchen den Unterschied versteht.
Indianer. Vom eigenen Denken enteignet. In einer Kultur, innerhalb der Überproduktionskrise des Kapitalismus. Im Stillstand, Infusion, die auf den Stillstand folgt. Bis ich ein Teil des Kuddelmuddel geworden bin. Massenarbeitslosigkeit in Weltmaßstab. Das fiktive Kapital wurde aufgeblasen in einer Illusion, in der wieder alles zerstört ward. In Angst vor' m Ende der Demokratie ? Eine Finanzsimulation, in der das Kapital vor sich allein akkumulieren kann. Will da einer gerecht sein ? Schwer zu sehen. Es gibt keine Konflikte mehr, nie reden sie miteinander. In einer deprimierenden Demonstration, sie auf mangelnde Politik hinweisen, der die Kompetenz und ihr Verständnis gänzlich fehlt.

Ich schätze, Ich wüsste

Ich kannte nicht zu Anfangs der Worte Grund, nicht gleich zu erster Stunde. Wo ich mich zwischen den Welten bewegte, erkannte ich viele Menschen, die sich selbst am Träumen behinderten. Daher benötigte ich garantiert keinen anderen, der mich zivilisiert, und christlich überzeugen müsste, konditioniert zusammen scheißt, in Schranken verweist oder mich zum Altruisten umändern müsste. Leben verläuft da, wo Unwirkliches in Wirklichkeit und in der Wirklichkeit etwas vom Traum zu erleben geht, den tiefen Sinn des Lebens zu entdecken auf einem Lebensweg, wo nur der Weg das Ziel. Wer hindert sich selbst am Träumen ? Er ist seiner Tage nach stets im Schatten geblieben. Sein einziges Wollen hängt am Wohlstand, den er nicht besitzt. Noch weniger, dass es ihm zusteht. Einer würde dir einen vergifteten Keks anbieten, um somit der Stadt sein einziges Lächeln zu bieten.

Gezeitenwandel - im Zauber erhaben

Die Beichte einer Mutter, mein erster Witz, den ich darüber behalten konnte, mein letzter, wenn der letzte Happen mir runter geht. Kinder, die in Liebe gezeugt und mit Liebe erwachsen. So geben die sich einander die Hände, die sich lieben, und verbunden wird sein, was in Liebe geschaffen. Ein Weg frei, den Schritten nicht zu fern, versuchte ich keinen Bogen zu machen um deutsche, soziale Verhältnisse und den Akt der Alleinerziehung.
Da gibt es erfolgreiche Fänger im Roggen, die Frau erkennt den Vagabunden. Bei allem Respekt, dies brennt doch jedem auf den Nägeln, einmalig erwachsen zu werden und Freunde zu finden ! Frau sein wollte ich für dich nicht, nichts davon habe ich gewollt. Ich hätte aber auch genug von Euch. Ich wollte nicht Eure Frau sein, nicht irgendeines welchen Frau. Nur sich selbst sein war mein Ziel. Ich wollte nicht mein Können gegen eine Beziehung tauschen. Es kommt nicht darauf an, jemanden für seine Fehler zu lieben. So lehre ich die anderen mit meiner Kunst eines Tages, mehr von der Wirklichkeit zu erfahren. Sie erlebt in Einfachheit so lange keine Ruhe, als müsse sie daran nur scheitern, eine Welt für sich zu ändern.

Bannig Aufgewühlt

Wer die Situationen in seinem Leben kennt, weiß auch wie lange es dauern wird, wie das Feuer in einem brennt, bis sich Räume erschaffen haben, durch die man tausend Male geht. Würden nicht nur von außen immer wieder die ankommen, denen es auf der Leber brennt, dir dein Selbstverständnis zu nehmen. Wollte ich schon immer Freunde kennen lernen, indem ich ihnen den Raum überlasse, etwas für sich zu erschaffen.

Schatzsuche

Die Landschaft vor einem tut sich wieder auf, und alle Einzelheiten werden erkennbar. Ich fühle wellenartig den Wind durch mich wehen, und das Salz der See schenkt mir seinen Gruß. So hat mich die Natur wieder. Und nur so lernten meine Gedanken einen Sprung zu tun. Die Aussichten dafür sind rosig, denn ich lerne wieder meine Kräfte zu mehren und mich auf mich selbst zu verlassen. Auch ich stehe allein unter vielen einfach da und weiß, hinter allem verbirgt sich ein Geheimnis. Und darum zu wissen, führt zur Harmonie.

Für Dich nur das Beste

Wer tut seine Pflicht ? Ob eine Lawine losbricht, hängt zuletzt davon ab, ob eine einzige Schneeflocke mehr fällt, eine winzige, kleine Schneeflocke, oder ein winziges kleines 'Ja', statt einem 'Nein', oder eine Unterschrift, die nicht hätte geleistet werden dürfen. Vielleicht lautet es auch wie ein Hall in einem Nebel, in dem keine Zuschauer mehr, kein Lärm, kein Applaus. Und manchmal riskiert man mehr, wenn man kein Risiko eingeht, allein, um sich wieder Mut zu zusprechen. Sie schwören auf ihre Theorien, sie pfeifen jedoch auf den Rest der Welt. Mit Hilfe von Symbolik wollen sie Menschen verfolgen, quasi ausrotten, und erregen sich nur noch, wenn sie in Mutter' s Arme fliehen, zurück in den Leib und träumen von dem Wein, von dem sie noch viel mehr brauchen, als sie nötig hatten, um zu ertragen, dass sie sich soviel Wein hätten leisten können, hätten sie nie ihre Fehler begangen.

Mensch, Clara !

Gerade um in der Kunst nicht an einem Punkt verzweifelt stehen zu bleiben.
Ich habe eine Menge Ahnung vom Leben und von der Erziehung. Ich weiß
meine Probleme einzuschätzen und zu beenden, wo und wie sie auftauchen,
und ich denke, ich habe meinem Sohn ein weitaus liebevolleres Zuhause
geboten, als das, welches ich erlebte. Und damit, dass ich mein Zuhause auf
die sensibelste Art und Weise zu einer emotionalen Offenheit bewegen
wollte, hieß ja nur, dass ich am Leben nicht gescheitert bin und ihm
Gegensatz zu meinem Vater, menschlich weit erfolgreicher gewesen bin als
er. Nur die Fantasie weiß Gutes von Schlechtem zu trennen. Man soll sich in
seinen Träumen nicht verlieren. Seine Stärke besitzt man darin, nicht zu
glauben, dass die Träume bis in alle Ewigkeit wahr werden. Und man setzt
sich zum Ziel, Erfahrungen zu sammeln, die an alte Dinge gebunden sind,
so überlebt man ein Stück Kindheit, und man hält sich eine Tür offen, den
Widerstand gegen Böses lebendig zu halten.

Liebesflucht - Love Exit Flying Love !

I have my lust, the gift comes from my body.
I set my own goals.
I know how to change, it's not about me,
to let myself be socially absorbed
and undergo a partnership by mutual agreement,
just because they asked me to,
so I can sleep better, not to live in fear and insecurity,
to stand in love as abandoned.
In reality, people have not sunk as deep as we fear.
They just never got as high as we thought they were.

Eine Schönheit wird welk wie eine Blume,
ist Schönheit denn Macht ? Welkte die Macht wie eine Blume.
Welkte eine Demokratie, die man nicht hegt und pflegt.
Welt der Vernissage, therapeutische Elite
der verwöhnten Kinder und Enkel, Enkelsenkel,
der Auto Schlüsse gehört der Tochter,
die Macht des Geldes hält alles und jeden für lieb,
der sich die Liebe gegen Bares kauft, der geborene Sugar-Daddy,
die Selfies hängen monumental durchs Haus,
die anderen Menschen sind kleine Karikaturen.
Vergewaltigte Frauen.. sie kann noch so zugerichtet sein,
und von Familie fallen gelassen,ohne alles stehen,
doch sie kann denken, doch sie wird fliehen,
selbst wenn sie Familie gehabt hätte und den Rückhalt von irgend einem,
doch dann begänne sie zu denken, doch dann würde sie fliehen,
diesen Mega Schweinen und würde diese Familie ihr nachstellen,
sie zu entmündigen, verfolgen, kontrollieren, denunzieren,
doch dann würde sie denken,
doch würde sie nie mehr zurück kommen !

Wie mein Gehirn sagt: „Ich wiederhole nur, dass der Körper rechtshändig ist; ich bin nicht alle Pflanzen und Tiere in einem Paradoxon von allem = nichts" :) … versuchen Sie dies in einer anderen Sprache, lesen Sie von links nach rechts (Händigkeit): Die Zukunft im Allgemeinen, einschließlich Träume und Tag- und Nachtträume, ist vollkommen vage, da sie zu allen zukünftigen Zeigern gehört: 1 + 1 = 2 spezifische, koordinierte Punkte: #Händigkeit = #jetzt = #für immer = „physisch ± Körper ± verbunden", „das Ende" jedwelchen Films ist „das einzige Ende für jedes andere".
Die Rolle der Vorstellungskraft besteht also darin, sich einen gesünderen Planeten für alle Beobachter vorzustellen, einschließlich jüngerer Pflanzen und Tiere = Evolution = ethische Vorlieben #Leben = #ähnlich (vs. Selbstmord und Mord, zum Beispiel als Opferung von Kindern für die Sonne oder irgendeine beschissene kulturelle Pathologie der Erwachsenen). Beachten Sie einfach, dass physische Intelligenzen jetzt „weder lebendig (erschaffen) noch tot (zerstört)" sind.

#Händigkeit bedeutet, dass ich nicht für einen anderen sprechen kann, ich kann nur hoffen, dass Physik und Biologie viral gehen: Wir werden immer (mindestens) I+I biologische Eltern haben, jeder von uns.

Ich hoffe, dass erwachsene Menschen aufhören zu denken, wir wären alle andere Pflanzen und Tiere, kombiniert zu einer paradoxen (falschen) Tugendhaftigkeit, die Kinder missbraucht. 1+1 = 2 physische Gehirnseiten: „Null Dollar am Anfang = Carpe Diem = Null Ende". Du hast recht. Danke. Ich finde nicht oft Solidarität, aber ich bin im Leben immer derjenige, der die Wahrheit sagt, und die Konsequenzen, die sich daraus ergeben, dass die Leute versuchen, mir zuzuhören, sind viel geringer. Auf diese Weise müssen die Leute eines Tages große Künstler werden, denn man kann keinen Knotenpunkt im Gehirn aufbauen und ihnen beweisen, dass sie nicht denken. Dies wird mein nächstes englisches Buch sein ...

Ich kenne jeden einzelnen Knochen in mir. Ich fühle, wie jede dieser Adern mir Sauerstoff bringt. Ich schüttele meine Gedanken mit Empathie und Seele und Musik in der Sprache. Ich werde meinen Körper niemals aufgeben und den Weg immer mehr lieben als das Ende der Straße.

Ich will es nicht an die große Glocke hängen, traurig aber wahr, aber das alles an die Öffentlichkeit zu bringen, ist mit vielen Konfrontationen und Schmerzen verbunden, die man durchleben muss, aber man erhält dadurch auch viele weitere Erkenntnisse, ich weiß, was Sie meinen, aber jeder Mensch hat seine eigenen Filme, von denen er träumt. Ich sehe, dass manche Leute vielleicht sooo weit weg sind, aber sie haben dieselben Gehirnfunktionen und denselben Humor, also sind sie sich verdammt nah. Wir alle kommen uns aufgrund unserer ähnlichen Gehirne leicht näher, und wir hatten alle ein- oder zweimal dasselbe Ziel am Ende des Weges, mussten aber noch gehen, und zwar einen so langen Weg, dass wir den langen Weg mehr zu genießen begannen als das Ende des Weges. Manchmal findet man den Buddha in sich selbst, so wie Sie es auch tun. ja, manchmal war ein Traumbild am Morgen erst überflüssig oder lustig anzusehen, aber am nächsten Tag war dies die Essenz der täglichen Lehre, wie gesagt, dann hast du den Punkt erreicht, an dem du in der Natur angekommen bist, heute war es ein Rabe, der vom Dach eines Hauses in der Innenstadt sprach und uns dem Publikum vorsang, das war überwältigend.

Ich bin eine Schriftstellerin, Masseurin, Künstlerin, Altenpflegehelferin, Behindertenarbeit versiert, ...
ich glaube, ich wäre eine gute Mutter für meinen Sohn gewesen,
der am 11.08.1997 in der Geburtsstation Kiel, geboren ist,
totgeschwiegen wurde, dass man mich schwanger denunzierte,
man mir das Kind sofort nach der Geburt gewaltsam entzog,
Anwälte machten mich drauf aufmerksam,
dass ein althergebrachtes Nazi-Gesetz wirkt,
dass jeden Kindesentzug begründungslos für "legal" erklärt,
ein Anwalt hätte keine Befugnis, noch vor meinen Augen misshandelte,
und selbst dann von Pflegestelle zu Pflegestelle weiter reichte,
als ich meinen Sohn wieder zurück erhielt,
hatte er mir von seinen missbräuchlichen Erfahrungen
unter der Dusche bereits mit 2 Jahren geschildert.

116

Im AUSLAND macht die Kirche das dreist so,
sie enteignet Frischgeborene illegal, sie in Zwangsadoption verkaufend,
sie der Mutter für tot erklären, sie ihre Gelder in alle in Frage kommenden
"Bereiche" dafür einstreichend.... JEDER NACH SEINER FASSON !

Und genau wie ich mich an diese Bekannten von echten Menschen aus
Italien erinnerte, hier oder anderswo, lügen sie mich ständig an. Der eine hat
mich ganz plötzlich mit seinen Schwanzbildern konfrontiert, der andere hat
mir als deutschem Musiker und Hippie in Italien den Mund verboten, der
andere hat mir gesagt, ich solle ihn nicht direkt kontaktieren, Mr. Wilde, der
andere Musiker, und der letzte hat versucht, mich in seiner riesigen
Hirnblase in die Kirche zu tragen ... also sag dir, dass die italienische
Sprache nicht mein Interesse ist. Manchmal lese ich mit Übersetzung, aber
sonst nichts. Ich bin nicht das Reh für die italienischen Jäger!
Es ist unmöglich, mich zu missionieren !

Zur Zeit "Franco" und "Hitler" hieß es im europäischen Westen
"Eine Frau muss verheiratet sein. Eine Frau muss Kinder kriegen.
Eine Frau muss dem Mann gehorchen. Eine Frau darf nicht zur Wahl."
deren west-europäische Diktatur begab sich drum dahin,
Frauen die Babies zu stehlen, an meist bietende Kinderlosen zu verkaufen.
Das setzte sich bis heute hin so fort,
in ganz Europa werden Kinder gestohlen, verkauft und missbraucht,
als bleibendes Erbe aus der Zeit der Diktatur
weil es ihnen die Gesetze erlauben !
Nicht ein einziger Jurist hat Einwände dagegen.

Würde ich mich mit einer anderen Frau etwa im eisig verschneiten Winter
auf dem zugefrorenen Fluss beim Angeln, in der Kälte um ein Loch setzen,
um ihn da ein bisschen "reinzuhängen"? Ihr die Frage stellend
" Ist dir einer reingegangen ? Dann hol ihn doch einfach wieder raus ?"
und im Hinblick auf den fetten Braten schaut sie runter und meint,
"Nein, ich lass ihn noch ein bisschen zappeln..."
ist es einer Frau je eingefallen, sich so dermaßen dämlich anzustellen ?

Lerne ich als Philosophin einmal
wie ich als Tochter meine Mutter bumse,
dann hieß es ich bräuchte eine Psychologin,
wenn ich als Philosophin erkenne
wie meine Umgebung Kinder vögelt,
dann nennt man diese Nachbarn Pädophile,
bedenke ich dann alles beisammen, wie mich,
die Arbeitslosigkeit, vielleicht auch Gott,
und meine Seele, und alles drum herum,
in dem ich mich nur mit mir selbst befasse,
unter Arbeitsverbot stehend
also folglich nur mich selbst kenne,
nur aber an der Sünde schert sich
die ganze Welt nicht,
und Gott sieht keinem beim Masturbieren zu,
und sie reiben sich noch heute an Kindern.
Deshalb halten sich die meisten für Gott,
und wollen bei ihrem Treiben ungestört bleiben.
Das Kind heuer wird hinzu genommen,
,,AUSERWÄHLT" was üblich ist,
und immer nachher sind alle enttäuscht,
weil sie viel mehr über sich selbst ENTTÄUSCHTE sind !

119

Der Wildnis Freiheit !
Ich stell mir vor, wie ich es als Mann selbst säh',
wenn mir die Weiber früh kämen, die ich nicht mal kennen wollte,
wie ein Pfeil schnurrte ich denen davon,
mit Fahrrad an die Ränder der Welt, in der Wildnis Befreiung zu finden,
ich wär immer so schnell auf und davon, dass diese Umwerberinnen der
Jugend und Heiratwütigen Steinzeit früh alterten,
und ihre Träume mit mir eins unterm Wasserfall,
im Anblick endeten der dem gleichen sollte,
wie eine Herde Männer nur mit langen Haaren,
und ich derweil stehe immer am Rand ihres Geschehen,
als rankende Blume, die sich nach der Sonne reckt,
ich würde zur Ranke, einer Schlanken, und die Weiber zu dicken Männern,
die ihre Männer unter die Haube bringen, dass sie die Frauen ernähren,
sich vermehren, Essen, Trinken, Vermehren, vielleicht reich werden,
nicht viel anders als in der Tierwelt, nur dass Tiere sich nicht gegenseitig
demütigen, wenn sie einander auch fressen !

Keiner von außen kriegt es mit,
die "Kleine" an seiner Seite, lässt sich vom Schwiegerpapa noch....
wie vom Dienstleister den Garten pflegen, weil wer dumm genug dazu ist,
für tatsächlich ein zu frühes Erbe abzugeben,
dem muss man doch keine Blumen hegen,
das soll er mal schon allein erledigen !
So sieht man die kleine Alte dastehen mit ihrem großen Busch,
und für alle draußen nur das Dach zu sehen,
so soll es gehen ..... huhhhh.

Wo kein König, da kein Leid,
wo keine halbe Sache, da kein Ignorant,
wo keine Arroganz, da keine Rechthaberei,
wo keine Reue, da keine Solidarität.

DIE „ART" die ARMUT zu erschaffen !

Ich schau denjenigen, die mir Freundschaft verkaufen, lieber in die Augen. Hilft gegen böse Überraschungen! Nein, Meine Kompetenzen fremder Leute ist erschöpft. Je eher sie mich foppen, dumm dastehen lassen, und sich hin und wieder melden, abstoßen und neu ansprechen, ist nicht mein Wille, ich geh darum mehr und mehr auf Abstand zu den Spielen, die mich betreffen. Ich habe eh zu anfangs gesagt, auf eine tatsächliche Bindung zu fremden Leuten online habe ich nicht die Absicht. Und ich vertraue dem Ganzen nicht mehr. Wer weiß, vielleicht wirst du eine andere finden, die du unter Druck dazu bringst, dich zu heiraten. Ich stehe nicht zur Verfügung!

Für die Aufnahme von Touristen, habe ich nicht mehr den Willen, eigentlich gar niemanden.
Also lass ich das!

Ich habe Leuten das erläutert, dass mir seit etwa einem halben Jahr gewahr geworden ist, dass ich beziehungsunfähig bin, und mir wird klar, dass ich keinen Partner an meiner Seite haben will und kann, weil es einfach mit mir nicht geht.

122

Kapitel 7

Das Wagnis, sich zum Ende des Lebens ...
einer Prüfung zu unterziehen.

Welches ist der echte Hunger des Menschen ?
Vielleicht der in der Familie zu Weihnachten emotional zu verkümmern ?

Sie werden mit Mitleid bestraft, weil sie ihrem Kreislauf der Armut nicht
entkommen lernen. Sie bringen sich und ihr Kind schneller in Gefahr, nur
vom Prinzen zu reden, aber ihr Kind wird am Galgen vor aller Augen auf
dem Schulhof aufgeknüpft. Darum wird die Politik ungestört korrupt, und
demokratischer Zusammenhalt global nur Lobhudelei und Schönreden wie
um den heißen Brei herum, und es tut sich in Wahrheit nichts. Die Kinder
auf der Straße lernen, wer weiter kommt, der Weg mit Deinem Opfer für die
Freundschaft geht nicht weiter, aber dort wird alles enden, wo der Mensch
in Verzweiflung endet, das Opfer darf nur das Individuum nicht sein, aber
für den anderen da sein, und zu helfen wird zur Schande.

Sie verzweifeln so viele male mehr, als normale Frauen, dass sie abgehärtet
werden. Heißt es jemandem in Liebe zu entgegnen, dass man sich selbst um
den Kopf kürzer macht ? Vielleicht um Minderwertigkeit des anderen auf
sich zu laden, dass er sich geliebt fühlte ? Das alles besser beim Alten
bliebe, die halten nichts von Lebenserfahrenen kompetenten Menschen, die
Akzeptanz ausüben. Es wirkt auf die ewig gestrigen Neider wie die
Konkurrenz gegen die Kompetenz. Man dankt es den engagierten Leuten
nicht einmal, was sie geleistet haben, sondern man drängt sie aus den Jobs.

Wer ist ignorant und dumm, all sein Handeln entstammt, um seine
Überlegenheit zu zeigen ! Würde das von Geisteskranken nicht nachgeahmt,
weil sie selbst lebensmüde sind ? Ist es ihnen selbst vorgekommen wie ein
Wolkenphänomen, wo die Wolke droben wie eine Wurst mit der Pelle in der
Mitte gerade durch geschnitten ist, aber sie sich keinen Reim drauf machen.

Geist ist eine mächtige Sache. Die vier edlen Wahrheiten besagen, Finger weg von den Narren ! Deine Freude über das Glück anderer, ist vielleicht heute das Schönste, was uns geblieben, und flüchtig wie der Gezeiten Winde, und doch jeden Tag neu wieder zu entdecken, sei wie der Wind, und beim anderen wieder zu erwecken, weil Glück und Magie in allen stecken !

Sodann werden wir etwas zur Aufklärung beitragen ! Es dreht sich nicht alles um den Sex allein. Dies Zipfelchen schließlich wächst, die Möse weich weiß Bescheid, das Muschi Sekret fließt, es geht hinein und wieder raus, und laut Beschreibung … machen wir in Zukunft immer so eine positive Erfahrung draus, so oft wie möglich, und gleich mit wem, doch Garantie gibt's keine.

Mancher macht es sich besser bei sich alleine bequem im Leben, nachdem das Kind bei der Befruchtung ja schon geglückt entstanden ist, das Haus verlassen hat und sein eigenes Leben lebt, und auch ganz gut damit zurecht kommt. Vielleicht ist das genauso, was andere an einem beneiden. Aber ein Ort, an dem man bereits gesagte Dinge nicht mal mehr ein zweites mal ansprechen darf, würde Gesagtes wertgeschätzt, hätte jeder Anspruch auf Gleichberechtigung in einer Gemeinschaft. Es ist leichter Neues zu sagen, als das miteinander zu vereinen, was bereits gesagt worden ist.

Man manchmal davon träumt, in Höhlen zu bleiben, nicht schlimm, ich finde eine altertümliche Sache, solche Höhle mit vielen großen Krokodilen, dann ein Strand, um allein zu sein, und im Wasser zu schwimmen, aber bei dem Gedanken, der großen Krokodile wird es zögerlich.

In seinem Dialekt träumte ich die Rede zu haben, von den geheimen kyrillischen Zeichen, mit dem Sinn gemäßen des Mediziner Gedankens, träumte von der eigenen Landkarte von Norddeutschland. Mit diesem Gedanken saß ich vor einem Mann, jung, gebildet, und wir stritten uns um die Diagnose und darum, wie man Menschen schlecht behandelt, aber nicht Vergewaltiger und ich forderte mir Respekt ein. Selbst meinem schlimmsten

Feind, würde ich alles erzählen, was ich zu sagen hätte, und nichts als das, wahre Worte. Für meine Begegnungen bewahre ich hier ein Bündel meiner Gedanken auf, übersetzt in weitere Sprachen. Dann hat das seinen Reiz, wenn man sich wieder sieht. Man kann sich ruhig wieder mal im Mondschein begegnen, oder in der Stadt !

Der Mann, der viel von Höhlen träumt. Vielleicht hatte ich das Gefühl, zu stark in seine inneren Höhlen hineingezogen zu werden oder oft, dass ich Abstand brauchte, um nicht darin festzustecken. Das Leben besteht darin, den Weg in die persönlichen Höhlen jedes Einzelnen allein zu finden. Aber dahinein jemandem folgen, das geht nicht.

Ich wundere mich nur, warum das Alles ? Es ist bekanntlich nicht neu, dass im sozialen Bereich weit mehr Mitarbeiter erfordert werden, diese aber nicht bezahlt und aus der Arbeit gedrängt, also dem Mensch im Mittelpunkt die Fürsorge, der therapeutische Ansatz für Behinderte aus Personalmangel nicht zum Zuge kommt, was bedauerlich ist. Der blanke Hohn wollte es ausdrücken, als ich kündigte wie erwünscht, ich hätte auch immer noch die Option eines Tages erneut für ein unbezahltes Praktikum anzufragen ! Der gute Geist des Landes wirkt umsonst. Ich frag mich, "Wer käme angerannt als Erster, dem ich sagte, Ihr könnt meine Eier transplantieren, mal sehen, was heuer für Euch dabei noch rauskommt.... !" Ich kann mir das Gesicht bildhaft vorstellen, er auf allen Vieren an gekrochen, zu betteln, sich vor mir zu verbeugen dauerte etwa dreieinhalb Jahre.

Wahre Menschen lernen aus der Not heraus jung schon zu meditieren. Ohne Schuhe unterwegs, nach kurzer Zeit verändern sich die Füße, dann wieder normal in Schuhen, könnte man ein großes Problem haben. Ich erinnere mich, dass ein Winter so kalt war, von meiner Familie vertrieben, dass ich keine Schuhe im Winterschnee hatte, in ein leeres, kaltes Haus ging, wo ein kalter Ofen war, eine einzige Katze da, wir legten uns hin und sie hielt mich warm, ich machte eine Art Meditation, um mich warm zu fühlen, der kalte Ofen war die Illusion von Mahlzeit, die Katze von Leben. Ich hab den Pferdewirt aufgegeben, hatte als junge Frau von Haus aus genügend Dreck gefressen ! Klavierspiel sein gelassen, weil Hände auf die man schlägt, die versagen bald im Spiel. Ich hab die Heilkunst an den Nagel gehängt, weil es hier zu Land keinen eingetragener Beruf ist. Ich hab die dummen Prinzen an die Wand genagelt, hängen lassen, wozu noch ein Kommentar. Ich hab die Alten allein sterben lassen, lachende Oma sarkastisch und offen, die mein Leben kannte. Ich hab den Schlaf sein lassen, mein Kind ging als aufrechter Mensch raus. Ich war die Stadt meidend, denn die Stümper gehen nie aus ! Ich war das niedrige Niveau von Christen nicht anzunehmen bereit, weil ich mich zu sehr liebe !

Diese Interviews waren verpatzte Episoden. Sie hatten mich so lange wie nötig in ihren inneren Kreis mitgenommen und dort meinen Blog mit meinen Meinungen und Bildern aufgeführt. Die Tatsache, dass ich das Leben eines Mannes vor seiner Drogen- und Alkoholsucht gestoppt habe, ihn davor rettete aufgrund seiner selbstmörderischen Lebensweise, bedankte sich offiziell bei mir und entschuldigte sich für seine Neandertal Art, alle Frauen, die er im gesamten Leben zuvor schlecht behandelte.
Ein ausführliches Interview über meine Welt und schnell waren wieder beide Bücher geschrieben. Als er meine persönliche Hilfe bei ihm ankam, verwandelte er sich in einen monströsen Kerl mit dem Versuch, mich zu einem gläubigen Christen zu machen, dass ich niemand Besonderes sei. Er fing an, laut und aggressiv zu werden, dass ich aufstand und vom eigenen Schutz gehalten wurde, immer noch „Nein" zu sagen, und ihn in meinem Traum als Lügner sah. Ich bin mir der echten Mitmenschen, die mich im wirklichen Leben lieben, mehr bewusst. Als er beschloss, vor meinen Augen zu explodieren, machte ich den Trick, während ich versuchte, ihm eine verärgerte Antwort über sein Arschloch abzugeben, brach mein Computer zusammen und blieb drei Tage lang schwarz. Dann war alles wieder gut. Mein eigener PC gab mir den Schutz, nicht das niedrige Niveau dieser Leute auszuleben, dass sie sich für mich aufbewahrt hatten. Misslungene Interviews machen mich nicht glücklich. Es ist alles zu viel Arbeit. Ich weiß z.Bsp. wenn ich achtsam, entspannt bin und in Frieden schlafe, dass meine Träume weich und schwarz-weiß sind. Nur wenn ich auf der Suche nach innerer Ruhe bin,es vermisse, in glückliche Gesichter zu schauen, träume

ich in Farbe, um ihre Gesichter so gut wie möglich zu finden. Das Leben ist Gottes Roman. Lass ihn schreiben.

Die Menschen, die nur gelernt haben davon zu laufen. Sie ernten Spott. Sie sind leichter beeinflussbar. Es klingt nie nach dem Versuch, das Experiment Leben erneut zu begehen mit neuen Einsichten, und dazu zu lernen, sondern mehr immer wieder am selben Punkt anzukommen, weil wohl kein wohlgesonnener Freund ihnen das mal vor Augen hält. Solche Leute, die sich in der Gesellschaft zum Gespött machen, wissen es meist gar nicht. Wie ein Seepferdchen von allen mal geritten, dann stechen sie gemeinsam wieder in See. Sie glauben an das Licht am Ende eines Tunnels, doch mehr von guten Geistern gegeben.

Sie wirken hilflos, und werden geradewegs von sexistischen Männern als Objekt betrachtet. Je stärker die Frau ist, desto eher wird sie angegriffen. Es soll ihr ein jahrelanges Trauma dabei entstehen, sich in dessen Verarbeitung hilflos zu fühlen, und einsam den Kampf zu erleben, dass dieses Leben ihnen keine Partnerschaft vergönnt, weil sie mit dem Erlebten zeitlebens konfrontiert sind. Der Plan aber ist, dem Psychopathen erst jung bereits in dessen Eier zu treten.

Es ist schon komisch. Wenn Solche, die sich am Kind vergehen, so dass es alle in der Familie wissen, abstreiten, den tabuisierten Vernichtungskrieg am Kind zeitlebens fortführen, anstatt den einzigen Horror für nichtig erklären, und sich schuldig outen. Wenn ein Wahn im Menschen auswächst, wird er zu seinem / ihrem grausamsten Krieg, den es je gegeben. Solche würden sich noch Juden taufen, und sich ungerecht behandelt fühlen, oder sich als Nazi selbst zum Opfer gemacht erklären. Und wisse, den Ort der Familie nicht verlassen zu müssen, ist immer ein Hafen der Ruhe für dich. Manche aber gehen, weil sie müssen. Wisse, ich selbst habe dennoch nie den Gedanken gehegt, mich an der Seite eines Mannes zu begeben, nicht gewollt, nicht gesucht, nicht erfahren, nicht begonnen, niemals, und wenn ich es jetzt behaupte, dies alles trotzdem allein überlebt zu haben, dann schaffst du es allemal !

Die Frau, welche den Widerstand gegen solcherlei ob männlich oder ob weiblich immer siegreich durch vollzieht, nimmt diese Waschlappen nicht mehr ernst. Wenn man sagt, eine schöne Frau macht den Mann zum guten Liebhaber, dann sagt, eine kluge Frau macht den Mann zum guten Kritiker, dann aber eine schöne und kluge Frau macht jeden Mann UNSICHER ! Sie fürchten den Schatten selbst und imaginär angeflogene Pistolenkugeln, wie auf einem furchtsamen Schlachtfeld, wächst sich Paranoia aus. Jedermann sieht es denen an, und keine Warnung diesbezüglich, was auf sie zukommt, wird von jenen ernst genommen, sie hören es, aber nehmen die Wahrheit nicht an. Also laufen sie in ihr eigenes Messer, und stehen am Ende da, wovor man sie eindeutig gewarnt hatte. Die Schallplatte der Party Löwen am Song ohne nennenswerte Kenntnisse, problematisch, erotisch aus der Reihe fallende hinter Masken. Endlich sich größer, höher, weiter zu fühlen, indem man die unter ihnen wohnenden terrorisiert, sollen die mal um Frieden betteln.

Die Arbeitsscheuen Leute nehmen sich weither zu wichtig. Wenn sie nie alleinstehend Arbeit nachgingen ? Wenn sie nur für Alleinsein öffentliches Mitleid heischen ? Wenn sie nicht bis drei zählt...eins, ich grüße irgendwann aufrecht, zwei, ich grüße dann mal warmherziger, drei, ich grüße aufrecht gehend direkt drauf zu. Wie die drei Dinge begreifend...eins, ich kann warten, was der andere sagt, zwei, ich weiß, was ich liebe, und was mir zu viel, drei, wie ich selbst damit umgehe, wenn sich Erwartungen nicht erfüllen. Wobei erkennbar... wer freudlos die Wäsche öffentlich raus hängt, eins, wer streng starr blickt und übers Maul fährt, zwei, Altherren gemäß sich Respekt abverlangt, drei, andere nicht für voll nimmt, wie sich selbst.

Fürs Geld wird reich geheiratet. Kein Wort in der Weltsprache jedoch, fängt mit einem T - an und endet mit einem T ! Wenn also die Weltsprache nicht mit jeder anderen Sprache einig wird, so wollte eine Frau behaupten, ihr kleines Kind vom Kuckuck des anderen, in sein Bett gelegt, wäre ein kluger Zug ? Die Gesellschaft aber will, dass Frauen kalkulieren, sich ins Geschäft werfen, als gelte es mit Beinarbeit wett zu machen, dass diese Kleinschuld Sexarbeit, sich als geduldeter Kredit geltend macht, dass sie nie wahrlich studiert, sich bemüht und gearbeitet hatte. Wenn diese Neandertaler Mädchen allerdings nur zeitlebens mit der Keule schwingen, wie blickte drauf das Dorf in dem sie leben ? Ich würde sagen, die Leute da würden sie nicht mal kennen lernen, oder hätten keine je in Hübschbemalung gekannt, gesehen, als Mittelpunkt betrachtet, oder positive Zeichen von ihr erhalten. Ist das nicht der Hauptgrund, sich nie partnerschaftlich zu engagieren? Wir leben in einer sehr ungesunden Welt, wir müssen leben, damit wir uns nicht infizieren. Guten Tag, ja, aber das lässt mich komplexer darüber nachdenken, wie man einander vertrauen kann, wenn Menschen versuchen, eine Partnerschaft einzugehen, und so böse Gedanken haben, wie sie ihre Partner betrügen oder zerstören können.

Ehe mit ihrem narzisstischen Spiegelbild.
WO SIND DIE PRINZIPIEN ???
WEG SIND DIE PRINZIPIEN !!

Was bedeutet, dass sie sich nicht von Unmenschlichkeit anstecken lassen. Wie können Freunde und Männer loyal erscheinen, wenn die Leute zusehen, wie sie ihre Partner wirklich unfair behandeln? Es ist immer meine Aufgabe, abzuwarten und, selbst nach 20 Jahren, dieses Thema auf den Tisch zu bringen und es ihnen endlich mitzuteilen, so langsam und sanft, aber direkt und wahr. Eine Person mit irgendeiner Behinderung oder jemand, der sich für ein Leben entschieden hat und nichts außer dem Messer in der Tasche besitzt, wird mich nicht wissen lassen, dass Ungerechtigkeit für mich legal wäre. Und Sie haben es gesagt: Einmal schlechtes charakteristisches Verhalten zu akzeptieren und das Opfer zu ignorieren und es so zu lassen und zu ignorieren, bringt den schlechten Samen in das eigene Herz, ohne dass es gute Konsequenzen hat, in einer Lüge zu leben. Die wahre Krankheit im Leben sind Lügen.

Ich habe erkannt, das ein Mann, der zur Zeit die Entscheidung für sich fällt, draußen zu leben, diesen Entschluss auch so durchzieht, weil es nun mal deine Lebenswahl ist, wie andere vielleicht Motorradfahren, andere wiederum als Stil für sich behaupten, das oder die Kinder allein zu erziehen.

Ich habe Achtung vor der Wahl wie zu leben, und vergleiche Menschen nicht mit Dreck und in keiner Weise damit. Natürlich hat das was mit Stolz zu tun ! Ich hatte nun mehr das Gefühl von Männern nicht ganz für voll genommen zu sein. Was ich nicht leiden kann, da ich genau wie andere Erwachsene bin, und das will ich bitteschön auch respektiert haben ! Ich habe meine ganz persönliche Einstellung zu Liebe und Partnerschaft, doch gab es in meinem Leben noch gar keinen Mann, der sich mir annäherte, etwas darüber zu erfahren. Also lass ich mir diesbezüglich auch nichts unterstellen, in dieser Hinsicht fehlerhaft und inkompetent zu sein. Lass uns mal Schwamm drüber sagen ! Da wir doch stellenweise befreundet gewesen waren die Männer und ich, wäre es doch gelacht oder beschissen allemal, wenn wir jetzt den anderen wie „Kinder in der Sandkiste" außen vor lassen, weil der eine dem anderen mal das Förmchen weggenommen hatte.
Gut, dass ich mit Fug und Recht behaupten kann, nie geheiratet zu haben.
Ich brauch als Frau nicht zu behaupten, ein Mann könne sich alles erlauben.
Er nutzte mich nicht aus. Ich bettelte nicht drum im Voraus.
Kein Mann hielt mich aus. Er hat mich nicht nach Strich und Faden, wie so viele nach der Scheidung sitzen lassen, auf Schulden, alles durchgebracht, oder mich im Nachhinein ausgelacht. Soweit versteh ich die Mathematik.
Kann nicht sein, dass ich mit solchen was zu tun habe !

Es sind Frauen aufgrund der Herkunft in Armut aufgewachsen
schwärmen von schönen Jungs und träumen vom Prinzen, bessere Zukunft.
Sie kannten keine Schule, kein Beruf erlernt,
fahren ein mächtiges Auto,
schwer erlernt, sich verbal schlechte Freunden fern zu halten
Sie haben keinen, dem sie vertrauen,
und erziehen meist allein und unter Stress,
laufen sexy einher, darauf vertrauen, dass Schönheit sie weiter bringt.
Sie lassen in kritischer Situation Fäuste sprechen, sind vorbestraft,
blicken bei jedem noch so schlechten Job aufs große Geld.
Sie fliehen zeitlebens vor schlechten Einflüssen und Arbeitslosigkeit,
der Aufenthalt vielleicht im Ausland wäre Rettung.
Sie schleppen das Kind mit zum Klauen.

131

Nachwort

The magic of fairy tales is almost impossible to implement, as can be seen how fail in love, the lamp with the content of their wishes fails because of inequality and disillusionment.
It is not dreams that make you tremble, it is women's fears that make tremble at night.
Everyone has dreams in their own life that are as different as 1001 nights.
It is not possible to lock people like that up because their heads are swelling and almost bursting, their minds and hearts argue loudly until their souls create freedom, and they are only released when they exercise their right to first pursue their own dreams, to first chase their longing up a tree, and then pick the dream off with both hands like an apple!

Die Magie der Märchen umsetzen
fast unmöglich daran gesehen,
wie die Frauen in der Liebe scheitern,
die Lampe mit dem Inhalt ihrer Wünsche,
die an Ungleichheit und Desillusion scheitert,
Zittern lassen einen nicht die Träume,
es zittern der Frauen Ängste in den Nächten,
jeder hat Träume im eigenen Leben,
die sich unterscheiden wie 1000 und eine Nacht,
es gehen keine solche Leute einzusperren,
weil ihre Köpfe überschwellen schier platzen,
sich laut Verstand und Herz sich streiten,
bis sich die Seele Freiheit schafft,
und sie erst erlöst sind, wenn sie ihr Recht
zu erst auf deren eigenen Träume zu zugehen,
die Sehnsucht erst mal auf einen Baum hoch jagen,
um sich den Traum danach wie einen Apfel
mit beiden Händen runter pflücken !

Zu spätes Gießen rettet den Baum nicht, hahaha das kann wahr sein ! Ich
sehe so viele Bäume umeinander laufen, und ich freundete mich an schon
seit 30 Jahren, doch sie zweifeln alle an meiner Integrität, so hatten sie
vielleicht alle Ein Einziges Mal was echtes für mich übrig, and wandten sich
dann aber für alle Zeiten angeekelt von mir ab, diese seh ich zu deren
Nachteil sehr viel früher altern. Siehe - das Leben hat auch seine amüsanten
Seiten ! hahaha und mir als Kind hatte man keinen Baum zu meinem
Andenken gepflanzt, aber ich legte einen kleinen Tierfriedhof für
Fundsachen dieser Art an, keiner konnte mir die Angst vor dem Pferd
einbläuen, weil je öfter sie mich in den Dreck geschmissen, desto häufiger
stand ich danach auf, und von mal zu mal war darin kein Schmerz mehr
verbunden ! Ich habe als Kind schon gesehen, dass ein alter Mann sein
Leben lang vor mir aufgewachsen sein musste wie ein altes gedrechseltes,
geschnitztes, dunkles Stück Holz, auf dass er sich stützt, und dennoch seine
Arbeit macht bis er umfiele, und dazu hat er niemals ein Wort verloren .... !

Dazu fällt mir nur ein, wie schnell habe ich mich verliebt ? Wie blind lauf ich in unbeantwortete Düsternis ? Erfinden sich keine verbalen Effekte, aber dicke rosa Scheinblasen ? Von mir blieb letztlich nicht mehr übrig als ein dummes, kleines Kätzchen, ein altruistisches Blondchen.

Es ist die Brücke, die es zu überqueren gilt, deren Schönheit und Eleganz unübersehbar, dass ich was drauf gebe, es ist allein mein Weg, den ich beschreite, den ich gehe. Würde der Wind andeuten, dass der Friede sich einstellt, und wir aus den Schatten heraustreten, verlangt das von den Habgierigen und Geilen, dass die nackte Wahrheit öffentlich nachzulesen geht ! Würde der Wind andeuten, dass der Friede sich einstellt, und wir aus den Schatten heraustreten, verlangt das von den Habgierigen und Geilen, dass die nackte Wahrheit öffentlich nachzulesen geht ! Ich weiß mich auch in der Liebe zu behaupten, die nur einem einzigen Menschen gilt. Ich habe gelernt : Man muss trotzig genug sein, am Leben zu sein und jede Sekunde zu überleben. Wer kann wahre menschliche Nähe aushalten und behaupten, dass Zusammensein mehr ist, als nur den Himmel zu berühren und im Traum zu schwelgen ?
Ich vermisse Dich - Ich küsse Dich
Ich bin in Deiner Nähe - Ich fasse Dich an
Ich bin bei Dir - Ich schreibe unser Lied
Ich male Dir einen Traum - Ich singe alles, was Liebe fühlt
Ich lächle Dich an - Ich schwimme durch unseren Ozean
Ich reite auf den Wellen - Ich spüre, mein Blut fließen
Ich habe mein Herz für einen Vulkan - Ich flüstere in Dein Ohr
Ich lächle in Dein Gesicht - Ich sage es noch einmal, ich liebe Dich
Ich tanze für Dich - Ich besteige die grüne Brücke
Ich folge Dir in dein Schloss - Ich halte Deine Hände
Ich gebe Dich nie auf - Ich höre auf Dein Herz
Ich küsse Deine Lippen - Ich warte auf Dein Wort
Ich erkenne, was diese Welt ist - Ich höre, wie Dein Herz schlägt
Ich sehe die Schritte in der Nähe - Ich berühre deine Wangen
Ich teile meinen Traum - Ich komme an Land
Ich kenne mich - Liebe vereint - ich möchte mehr lernen.

Die Eine die Kleine, ihr ward früh aufgesagt
"Deine Mutter kümmerte sich um dich einen Scheiss !"
doch es war klar eingefädelte Kindesentnahme,
und der Psychopath kam zum Recht.

Die eine Andere, ihr ward ihr Kind das Mittel
"Ihr seht wie … mein Kind Selbstmord begeht !
Ich erzähl allen dann, wie Gottlos sie alle seien !" doch es war inszeniert,
kirchlich die Verführbarkeit von Rassismus anzuzetteln.

Die Eine lernte mit 2 dem Philosoph in sich zu erkennen,
dass deren Schweigen 50 Jahr anhielt, „Sie sollte vor allen als
unzurechnungsfähig, fahrlässig, unverantwortlich und undankbar gelten !"
doch heute mit fast fünf Jahren beruflichen Kenntnissen
als Philosoph sage ich,
„Ich bin jetzt gespannt, Vater, was hast du mir zu erzählen,
wenn du nach 50 Jahren dein Schweigen brichst !"

Geschrieben vom Dichter Ahmed Matar*
  Die Geschichte eines Esels, des Sohnes eines Esels, ist sehr schön

Es war einmal eine Gruppe Esel in einem der arabischen Ställe. Eines Tages
trat ein Esel für einige Zeit in einen Hungerstreik. Sein Körper wurde
schwach, seine Ohren hingen herab und sein Körper fiel vor Schwäche fast
zu Boden. Der Eselvater merkte, dass sich der Zustand seines Sohnes von
Tag zu Tag verschlechterte. Er wollte, dass er den Grund dafür verstand.
Er kam alleine zu ihm, um seinen sich zunehmend verschlechternden
psychischen und gesundheitlichen Zustand zu untersuchen.

Er sagte zu ihm: Was ist los mit dir, mein Sohn? Ich habe dir die besten
Gerstensorten mitgebracht und du weigerst dich immer noch zu essen. Sag,
was ist los mit dir? Warum tust du dir das an? Hat dich jemand gestört?

Der Eselssohn hob den Kopf und wandte sich an seinen Vater:

Ja, Vater... es sind Menschen...

Der Eselvater war erstaunt und sagte zu seinem kleinen Sohn:
Was stimmt mit den Menschen nicht, mein Sohn?

Er sagte zu ihm: Sie machen sich über uns Esel lustig.

Der Vater sagte: Wie ist das?
Der Sohn sagte: „Siehst du nicht, dass jedes Mal, wenn jemand eine schändliche Tat begeht, er zu ihm sagt: „Du Esel..." Und wann immer eines ihrer Kinder ein Laster begeht, sagen sie zu ihm: „Du Esel." Sind wir wirklich so? Sie beschreiben ihre Idioten als Esel... und so sind wir nicht, Vater... Wir arbeiten unermüdlich. Wir verstehen und verstehen.
Dann war der Eselvater verwirrt und wusste nicht, wie er auf die Fragen seines Kleinen antworten sollte, während er sich in diesem schlechten Zustand befand. Aber er bewegte schnell seine Ohren nach links und rechts, dann begann er, sich mit seinem Sohn zu unterhalten und versuchte, ihn nach der Logik der Esel zu überzeugen.
Schau, mein Sohn, sie sind eine Gruppe von Menschen, Gott hat sie erschaffen und allen anderen Geschöpfen vorgezogen, aber sie haben sich selbst sehr geschadet, bevor sie uns, die Esel, beleidigt haben.

Sehen Sie zum Beispiel. Haben Sie in Ihrem ganzen Leben einen Esel gesehen, der das Geld seines Bruders gestohlen hat?? Haben Sie davon gehört?

Haben Sie einen Esel gesehen, der andere Esel aus keinem anderen Grund folterte, als weil sie schwächer waren als er oder weil ihm nicht gefiel, was sie sagten?

Haben Sie einen rassistischen Esel gesehen, der andere Esel mit Rassismus in Bezug auf Hautfarbe, Geschlecht und Sprache behandelt?

Haben Sie vom Gipfel der Esel gehört, die nicht wissen, warum sie sich versammelt haben?

Haben Sie jemals gehört, dass amerikanische Esel planen, arabische Esel zu töten!! Um Gerste zu bekommen?

Haben Sie einen Esel gesehen, der ein Agent eines fremden Landes ist und sich gegen die Esel seines Landes verschworen hat?

Haben Sie gesehen, wie ein Esel aus sektiererischen Gründen von seiner Familie getrennt wurde?

Natürlich haben Sie in der Welt der Esel noch nie von solchen Menschenverbrechen gehört!! Aber kennen die Menschen die Weisheit ihrer Schöpfung und handeln sie gut danach? Deshalb, mein Sohn, bitte ich dich, deinen Eselsverstand zu kontrollieren. Ich bitte dich, meinen Kopf und den Kopf deiner Mutter hochzuhalten. Und du bleibst, wie ich es dir versprochen habe, *ein Esel, Sohn eines Esels* lass sie, mein Sohn, sagen, was sie wollen.

Es genügt uns, stolz darauf zu sein, dass wir Esel sind
Wir lügen nicht
Wir töten nicht
Wir stehlen nicht
Wir tratschen nicht
Nicht fluchen
*Wir tanzen nicht vor Freude,
solange es Verwundete und Tote unter uns gibt*.

Der Sohn war von diesen Worten beeindruckt, also stand er auf und begann die Gerste zu verschlingen und sagte: „Ja, ich werde bleiben, wie du es mir versprochen hast, Vater.. Ich werde weiterhin stolz darauf sein, dass ich ein *Esel bin, Sohn eines." Esel* Dann werde ich Staub sein und nicht ins Feuer gehen, dessen Brennstoff Menschen und Steine sind.

DIE MUTTER

Dann sitzt sie in ihrer Küche und sehnt sich nur danach, weit wegzukommen und einfach mit dem Flugzeug zur Freundin oder zur Mutter fliegen, zu ruhen und mit jemandem Smalltalk führen, weil die Ehe zerbricht. Ebenso dieser kleine Junge, aber er ist zu klein, als dass ihn die Erwachsenen überhaupt bemerkten, wie traurig das Leben eines so kleinen Menschen sein kann.

Sie sind zu voll von ihren eigenen Plätzen im Leben.Und du siehst immer noch, ihre Straße, ihr Leben, die Stadt, den Schulhof, die Autos, die Straße, in der sie leben, ihr Haus, die Möbel, den Himmel, sogar die Zeitung, die ein gutes und besseres Leben verspricht .... alles ist grau ! Scheiße, manche Leute tun wirklich viel, um im Leben sehr traurig zu werden.

Ich kann mir nicht vorstellen, wie ein Kinderherz das ohne die Verbindung zu helfenden Händen ertragen kann. Aber dieses Kind wird bald ein kaltherziger, restriktiver, total denkender, Paragraphen reitender Verdiener sein. Und wie man sieht, werden diese Kinder schnell verstanden haben, die Liebe im Herzen zu belassen, eine Zukunft zu schaffen,die dazu gedacht ist, einfach mit dem ersten Beruf zu beginnen und drei Jahre später die erste eigene Immobile zu besitzen, sogar auf Kredit. Sie werden immer Ausreißer sein, aber nie wissen warum. Dann haben sie noch nicht lieben gelernt, und finden sie die gleiche Situation vor, sie haben Kinder, und das gleiche Spiel geht langsam seinen Weg.

Wie ein festgelegtes Muster. Und stellen Sie sich die gleiche Generation seit drei bis vier Mal vor Augen wird jeder im Leben nach dem gleichen Muster denken, antworten und handeln.

Diejenigen, die die Kette unterbrechen, sind Anomalien. Diese Muster zwingen nur dazu, sich solche medizinischen Leckereien für die Bequeme anzuhören. Sie geben ihnen einen bequemen, sanften, verdunkelnden, vergessenen Weg, die Symptome eines schlechten Gefühls zu beseitigen, dann über das Leben zu schlafen und alles zu vergessen, was sie bekämpfen müssen, mit den Pillen, die für sie schmecken wie Zucker, und die Sorgen unterscheiden sich im Fernsehen und triumphiert wird in der Realityshow. Das Heilmittel im Leben dieser Leute sind Zucker, Kuchen, Kaffee, Fett, Langeweile, Schwimmbad, Schnaps, Zigarre und der Pudel auf der Couch. Diese Leute wollen nichts von einer Gesundheitskur hören, sie wollen unter Hypnose sein, die ihnen sagt, dass sie schon gesund sein sollen. Aber das ist die Tatsache, dass es so viele Scharlatans gibt, dass sie diesen Idioten sagen, sie seien gesund, erleuchtet, die Größten, selbst wenn sie ein Kind missbrauchen.

Das ist in der psychologischen Ecke eine gute Branche, die viel und viel Geld damit verdient, die Leute mit Lügen zu füttern, die sie hören wollen. Das meine ich für mich, ist die typische Haltung studierter Leute. Jede neue wissenschaftliche Nachricht über das, was vorher schlecht war, ist jetzt gut, wenn sie dies und das viel konsumierten. All die Billionen süßer Häuschen, die im ganzen Land stehen, sind auf Lügen gebaut, und alle ignorieren, dass in jedem Haus eine Verbindung zum Tod besteht. Und wie jeder in seinem Leben täglich lügt, damit man sehen kann, wie viele Lügen sich unter jedem Dach verstecken und das ist garantiert.

Aber wenn sie in festen Mustern leben, würde jeder Schritt davon abweichend ein Gesetz brechen. Es muss schwer sein, in einer solchen Angst zu leben. Die „Normalität" würde brechen. Dies ist die Theorie in den Köpfen all dieser Leute, dass es die Existenz von Angst geben muss, wie ein wildes, unzähmbares Tier mit langen und scharfen Zähnen. Und sie sind sicher im Nichts. Das ist schizophren, wenn man mitten in der Scheiße sitzt und sich damit sicher fühlt. Wenn dann die Spitze eines Hauses direkt auf ihre Köpfe fällt, werden sie sagen "Und du weißt, ich habe es kommen sehen !" Sie sind nicht alle gleich nein, es gibt den größten Unterschied in der Art, wie sie von ihren Familien erzogen wurden, das bedeutete, dass sie in unterschiedlichen Lebensauffassungen der Eltern leben mussten, die Muster, die Art und Weise, wie Dinge nicht erlaubt sind, die Patriarch regiert, und die Kinder mit unterschiedlicher Liebe zu empfangen.

Meistens nur Liebe, für das erwartete Handeln macht den tiefen Abgrund zwischen den Kindern, weil nur die kleine Welt in ihrer Realität existiert. Jedes Haus und jedes Heim hat oft seine eigene Tragödie wie das kleine Heim für den Wahnsinn.

Kein Austausch von Ideen und Eindrücken. Gar nicht. Auf diese Weise sind all diese reifen arbeitenden, lächelnden, mit Offenheit Beschenkten, die normale Menschen spielen, die keine Ängste haben, wie eine ferne Welt, eine Art andere Welt wie in ihren Comics. Der Deckname des Superman. Aber sie alle haben die Sehnsucht, dass einige der Normalen ihre Gefängnisse betreten und sie schnell wieder herausholen.

Licht und Schatten. Die ganze Vielfalt, der ganze Charme, die ganze Schönheit des Lebens besteht aus Licht und Schatten. - Leo Tolstoi

Es erfordert mehr Mut zu leiden als zu sterben. Wenn Sie sagen, dass Sie in die Menschheit verliebt sind, sind Sie mit sich selbst zufrieden.

Nachahmung ist die aufrichtigste Form des Fernsehens. Der menschliche Status sollte nicht von den sich ändernden Anforderungen des wirtschaftlichen Prozesses abhängen. Liebe frei wie Luft beim Anblick menschlicher Bindungen. Breitet seine leichten Flügel aus und fliegt sofort.

Es gab einen Weltkrieg und die englischen Fallschirmspringer fielen alle vom Himmel, um die deutschen Nazis zu besiegen, aber einer wurde vom Wind weggeblasen. Er stürzte in einen kleinen Wald irgendwo da draußen, ohne zu wissen, wo. Aber er fühlte sich sicher, nicht gesehen zu werden, und wanderte umher. Er fand eine kleine Holzhütte und klopfte vorsichtig an die Tür, wo innen das Licht schien, ... dann hörte er eine winzige Stimme. Er sagte, er sei Fallschirmspringer und brauche einen Schlafplatz, sagte "Können Sie mir bitte die Tür öffnen, fragen Sie Ihren Vater, ob das möglich ist." sagte die kleine Stimme "Nein, mein Vater ging, als meine Mutter kam." Dann fragte er, ob es möglich sei, wenn er es der Mutter dann erzählte. Der Kleine antwortete "Nein, meine Mutter ging, als mein

Großvater kam." dann fragte der Soldat noch einmal und bekam die Antwort "Nein, mein Großvater ging, als meine Großmutter kam." dann fragte er noch einmal und das Kind sagte "Nein, meine Großmutter ist weg, als ich gekommen bin." Dieser Soldat dachte, was ist das für eine Familie? Er bat nur um eine einzige Nacht zum Schlafen und brauchte eine Unterkunft, und dieses Kind sagte: "Aber du wusstest nicht, dass dies unsere Toilette ist?"

Ehepaar im Restaurant, hat sich nach Jahren nichts mehr zu sagen
er bestellt ein Bress Huhn, Finger rein in den Hühnerpo erwähnt er,
doch jedes gebrachte Huhn sei kein "Bress" Huhn. Von wo es stammt ?
Von hier von da, aber nicht aus "Bress" !
Ein Mann vom Nachbartisch kommt, zieht seine Hose runter und fragt ihn "Können Sie das auch mal bei mir machen ? Ich bin nämlich ein Waisenkind und würde sehr gern erfahren, von wo ich wohl stamme !"

Eine Mutter und die kleine Tochter verbringen den Tag am Meer.
Sie warnt die Kleine nicht schwimmen zu gehen, das Wasser sei zu gefährlich, doch dann schläft die Mutter in der Sonne ein, und das Mädchen hüpft arglos in die Wellen und schwimmt munter drauf zu. Da erwacht die Mutter und ihr Schreck ist groß, als sie ihre Tochter so weit draußen sieht, und sie nicht mal hörte, und keiner da war, der ihr helfen konnte. Dann schluckt eine große Welle die Tochter und sie ist verschwunden. Mutter schwimmt hinaus, doch das Kind ist weg. Am Strand dann betet sie zu Gott "Lieber Gott, wenn du mir nur das Kind wieder gibst, werde ich die frommste, gütigste, großzügigste und liebevollste Person sein, die man sich nur wünschte !" Dann schwupps spült eine Welle ihr Kind an Land und es liegt im Sand, und was antwortet da die Mutter zu Gott ? Sie sagt "Aber lieber Gott, du gibst mir zwar die Tochter, aber hatte sie denn vorher nicht goldene Schuhe getragen ?"

Leute wer anderen ans Bein pisst der soll sich auf was gefasst machen.

143

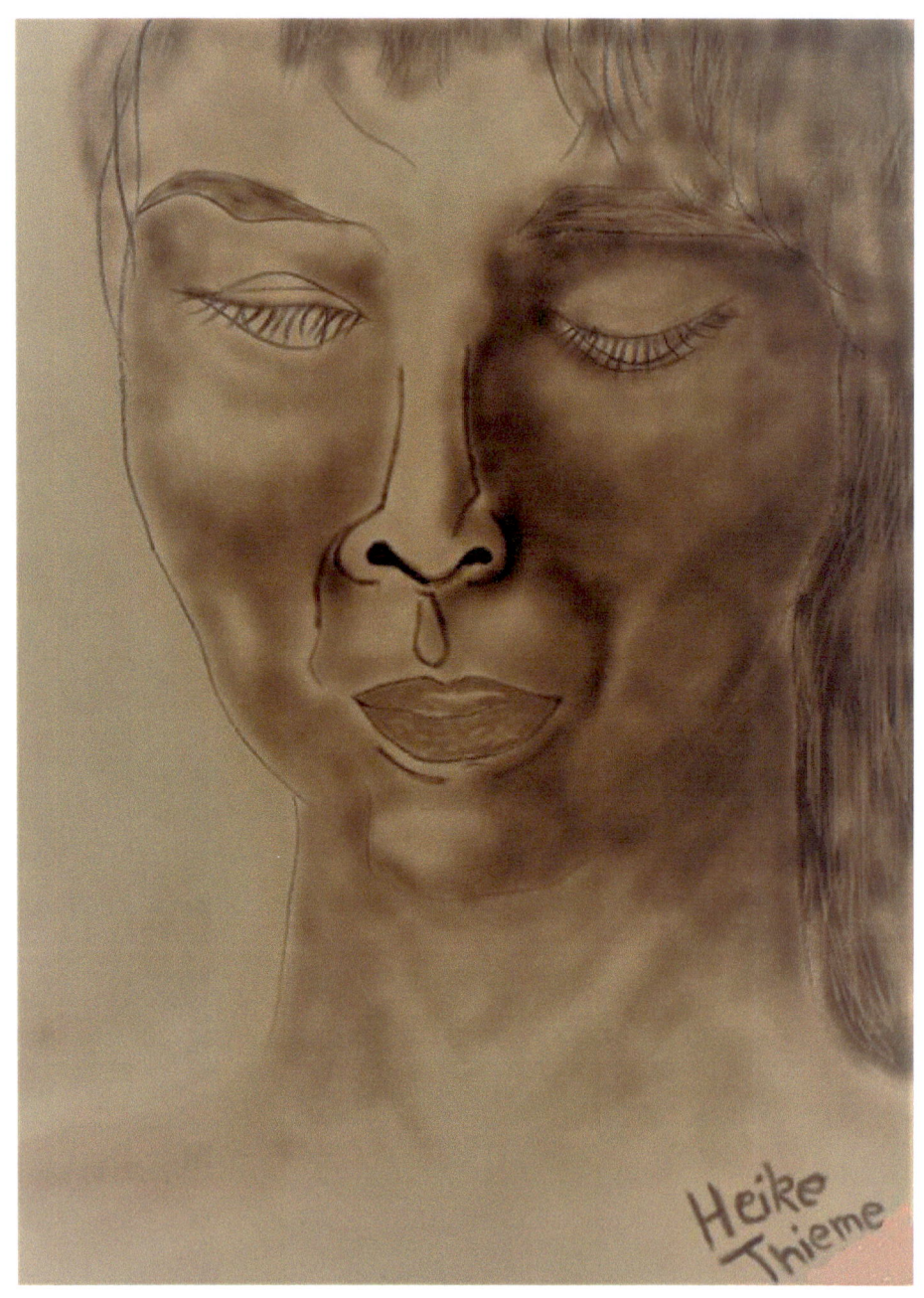

144

Und was wird als nächstes passieren. Geist in einem Durcheinander.
Wie bin ich in dieses Schlamassel geraten?

Voraussicht in der Theorie !
Der Friede im Kriegsfall ist wie jeder Arzt wüsste,
was zu tun ist, wenn es vorbei ist wie "LIEBE" unter dem "WASSERFALL"
wo sie es bis heute ehrlich noch nicht wüssten,
wie wenn statt der Touristen, durch Frankreich die Reichen Kröten
durch deutsche Tunnel müssten, doch wo sie landen wissen wir,
am großen Spieß fürs deutsche Schwein,
erst schmelzen wir Käse, dann schmelzen wir Kern,
die starke Freundschaft zu einander heute,
noch wie vor dem 1.Weltkrieg das große Schweigen,
was aber Deutsche der Ukraine heuer geben,
ist das der Taunus, oder der sich verfahrene, gegebenenfalls Bär-block-flöte,
die da die Dicken mit Globuli heilen will, im Nachahmen der Placebo,
oder besser nachhause geht, wirft sie auch ein Handtuch hin,
um den Dahergelaufenen besetzt hält ?

Placebo - Liebe !
Weißt du warum "Mon Amour" mit Franzosen nie klappt ?
Weil sie uns als Sex geile Zwillinge noch vorlügen, sie seien zu prüde,
als es zu ertragen, zu artikulieren,
dass Deutsche einen nackten Körper haben,
lieber brechen sie sich das Genick, noch im Abfahren ehelicher Verrichtung,
als die Nacktheit unserer als Glück zu empfinden,
so die Szenerie auf französisch
in den Galerien sei der Körper Deutscher bis weithin "verschrien",
der von Dinosauriern allen lieber,
die statt der Deutschen beim Sex noch "Liebe" empfinden,
die Haare hätten bis zu den Füßen !
... solch nette Sachen kriegen wir zu spüren !

Die Musik muss im Regen spielen,
dann kann die Operette im Badeanzug,
damit ihre Werbeeinnahme Eindruck hinterlässt,
die Leute mit Geldsäcken auf die Bühne werfen,
die Hülle von der Zuschauerfülle überrannt,
sollen die anderen die Fluten bekämpfen,
für eine Stunde Sturmflut mit Konzertlärm,
bringt nun mal eben die schnelle Mark,
dies bringt auch der Ex-Studentin
mit im Regen gespielten Kurz-Event
noch mehr für nur gefakten Stil,
und keine politische Stellungnahme,
erkennbar als "Political Correctness"
gut und gern für 50.000 Fans,
glatte 13 Millionen in die Damenhandtasche ein.
Dress Men, Hostessen-Serviceleiter,
Muskeln im Anzug,
seriöser Angebotswerber,
Begrüßung in der Veranstaltungshalle,
manche nennen es den Callgirls
Geheimtipp für organisierte Vergewaltiger
auf dem Feld des Steinbruchs,
neben dem Baggersee,
am Rand dessen Ufers,
auf dem Schotterstein,
für Profis, die über den Dingen
wie das Heiraten stehn....

Im Gegensatz zu angeblich...meiner großen emotionalen Problemen,
weshalb man mir unter Gewaltanwendung
damals das Kind aus dem Wochenbett stahl... hahahah,
ich bin erfahrene Pferdepflegerin, war angehende Altenpflegerin,
hatte die Ausbildung zur Physiotherapeutin,
nutzte meine Kenntnisse zur Behindertenförderung,
erschaffe gute künstlerische Malerei, gab meine sozialen Fähigkeiten und
Kenntnisse in bereits 120 Büchern wieder, mein Kind erfolgreich
zum selbstbewussten, klaren Menschen erzogen !
Egal jetzt, doch kein missioniertes Opfer geworden wie man diese Sorte
Mission übersetzt, entdeckt man auf allen Friedhöfen jederzeit !

Ich selbst gehe oft als Indianer-Heike aus, wohl weil ich mich in Kunst,
heilerisch, erzieherisch, visionären Dingen auskenne, und jede Pflanze,
jedes Lebewesen sorgsam behandle. Aber ich brauche nicht zu behaupten,
dass ich allein die Last und Schuld anderer auf mich nehme. Deutschen
angeblich zeitlebens die Schuldgefühle belasten, aller Welt Leid auf uns
nehmen, selbst dem Cowboy glaube ich nicht alles, die haben wie es alle
Länder und Völker dieser Erde tun, sehr viel Unheil angerichtet, und ich
muss keinem Cliché entsprechen und „Winnetou" nach machen.

Die Schilderung über meine Freunde die Wölfe, nicht anerkennt, und meine
höchsten Glücksgefühle diesbezüglich nicht für angemessen hält, wird einen
Tiefflieger bei mir landen, denn dann hat seine Freundschaft für mich zu
kurze Beine. Den Platz, an den du gehören willst, musst du dich drum selbst
bemühen.

Dich aber so treiben zu lassen, treibt dich von der Mitte deines Lebens ab.
Irgendwann sind einmal alle Zügel gerissen, dann iss Aus !
Mach endlich Schluss mit dem Teil deiner selbst und lebe. Du scheinst zu
glauben, einen solchen Teil nicht anders zu beenden, wie wenn du dich
somit ums ganze Leben bringst. Du bildest dir ein, in deinem alten Teil
festzuhängen, dem du nicht entkommst, jedenfalls nicht anders, als dich um
die Ecke zu bringen. Aber weißt gar nicht, das Alte in Wahrheit existiert gar

nicht mehr. Man kann altes erinnertes, schmerzvolles niemals mehr in die Gegenwart herholen, was vorbei ist, ist vorbei, du denkst das Alte niemals wieder.

Manche nennen es da vielleicht deren Glauben. Aber die vielen anderen gehen ihrem Tod in die Arme, und keiner hat in dieser existenziellen Entscheidung ob pro oder kontra das eigene Leben irgendeine Erwartung an dich, nicht an mich, nicht einen anderen. Bild dir das nicht ein. Nur der sich selbst darin einen Entschluss schuldet, bist allein du. Hättest du am Ende überlebt, erst dann würden sich Leute zu dir rumdrehen, erst dann würden sie an dir euphorisch die Bemerkung fallen lassen „Ohh seht, ihm geht's so viel besser – Ein Wunder ist geschehen !"

Nach der Wende war es allen so was von egal,
probier es aus, ist leicht im Geschmack wie Erdbeer und Schoko
das ausgesucht Vorzeigkind braucht nie zu arbeiten,
das Bastard Kind braucht nur auszurutschen,
sein Groll trieb es in die Flucht, bis dahin wurd es von ihm verfolgt,
auch ein Stümper... braucht im Leben seinen "Stolz"
von der Geschicht erzählt er lebenslang !

Es geht immer so weit, von seinem Vater abgelehnt zu sein,
der einem nur mit flacher Hand ins Gesicht begegnet,
der mich als "seinen Fehler" betrachtet hat,
die sich als Tochter niemals fühlte,
doch Alles dafür tat, einen richtigen "Vater" zu haben,
Alles, der mich wegsperrte für Jahre, als unzurechnungsfähig bezeichnete,
für die Gewalt, die man mir antat,
Alles was er versuchte, mich da verrotten zu lassen,
NICHTS davon - NICHTS ist wieder gut zu machen !!
Er wartete nur darauf, bis der Tag käme, an dem
er mir mein Kind wegnähme und ich mich "SELBSTBESTRAFTE" !!
Ich fliege niemand in der Liebe geradewegs
in dessen Arme entgegen, ich brauche kein Quartett !

Mit der Wahrheit leben können, bedarf eben Stärke. Aber wenn es dann bald bei dir anfängt überall weh zu tun, dann komm nicht mehr bei mir angejammert !

„Bin allein und nicht unter Leuten. Aber ja Botschaft ist angekommen. Ich will dich nicht weiter nerven und ärgern und so."

Dummen Frauen selbst rate ich nur:
Schreib doch einfach einen Roman über dein geiles Willensstarkes Leben, deinen Kampf und stell darin dich selbst als die Frau vor, die du dann als die eigene multiple Persönlichkeit geheiratet hast. Wird bestimmt spannend, und wieder liegen sie dir Speichel leckend bewundernd zu Füßen !

„Hör jetzt bitte auf."

Sagen wir, fangen wir demnächst durch dein Zutun höchstens mal wieder bei Null an, wie es üblich gewesen ist.

Ich habe meinem Freund, der Alkoholiker ist, gesagt:

Dass ihn diesmal niemand für „bessere Zeiten" beklauen darf, er ist sich seines Problems nicht genug bewusst, nicht verantwortlich für ihn, nicht verantwortlich für mich. Über andere Leute zu sprechen, die mit ihm trinken, die wahren Freunde sind, aber Ehrlichkeit hat keinen Platz in der Mitte seines Lebens, war es nie. Der Alkohol scheint sein Leben jetzt im Griff zu haben, also wird er einfach tiefer hineinfallen und mich ansprechen, ich solle mich fernhalten, weil ich die Wahrheit sage. Seine dunkle Vergangenheit, dieses Kapitel in seinem Leben, das es zu lösen gilt, ist es nicht wert, aber zerstört den ganzen verdammten Mann und sein Leben, um es loszuwerden.

Ich bin nicht derjenige, der ihn da herausholt !
Das ist mein Prinzip, das ich dies nie getan habe.

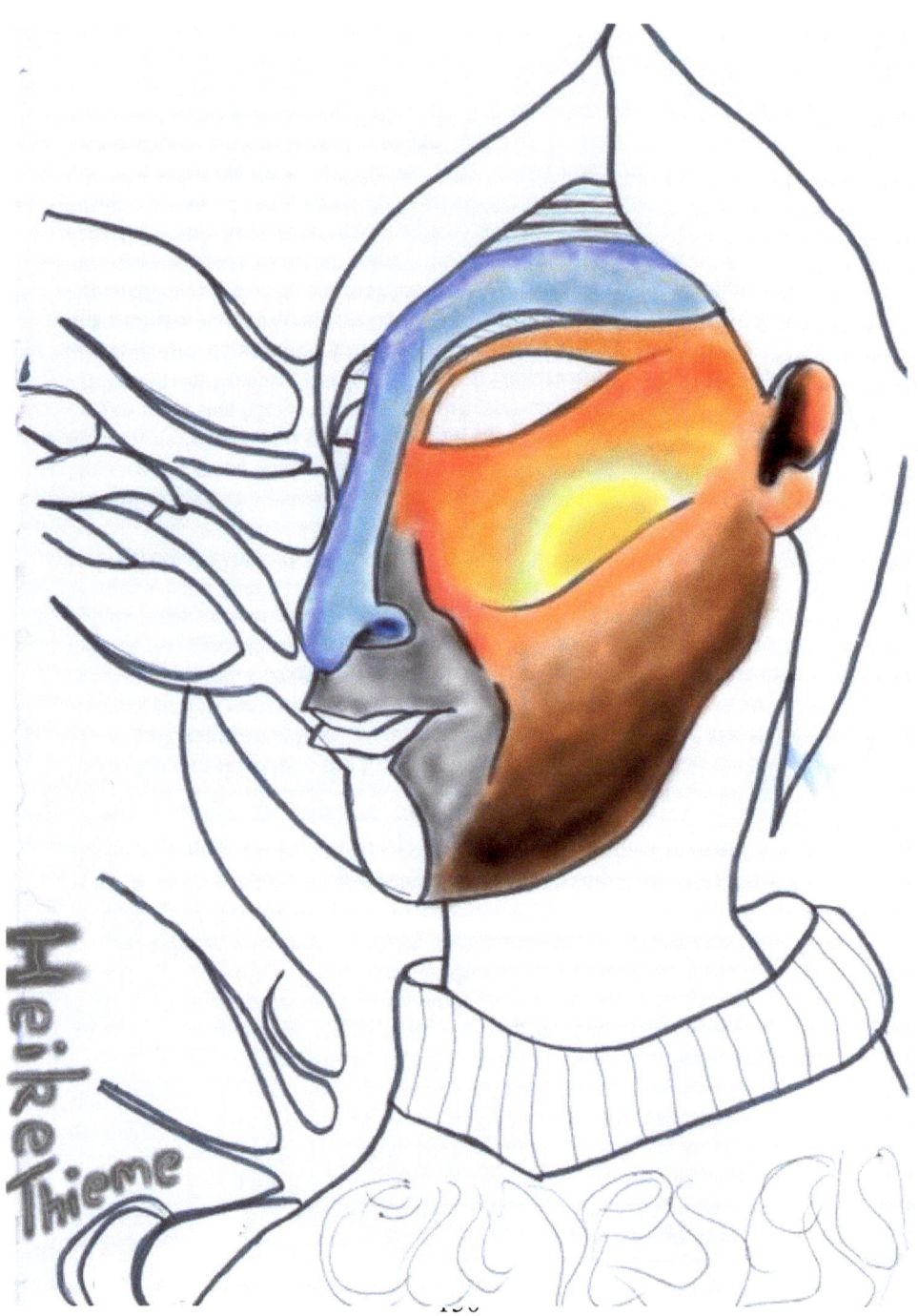

Heike Thieme